体教融合推进策略与路径研究

——以重庆市校园轮滑（滑板）为例

孟现录　著

吉林出版集团股份有限公司

全国百佳图书出版单位

图书在版编目（CIP）数据

体教融合推进策略与路径研究：以重庆市校园轮滑
（滑板）为例 / 孟现录著 . -- 长春：吉林出版集团股
份有限公司 , 2022.11
　　ISBN 978-7-5731-2765-5

　　Ⅰ.①体… Ⅱ.①孟… Ⅲ.①青少年—滑轮滑冰—教
学研究—重庆 Ⅳ.① G862.8

中国版本图书馆 CIP 数据核字 (2022) 第 220955 号

体教融合推进策略与路径研究——以重庆市校园轮滑（滑板）为例
TIJIAO RONGHE TUIJIN CELÜE YU LUJING YANJIU : YI CHONGQINGSHI XIAOYUAN LUNHUA （HUABAN）WEILI

著　　者	孟现录	
责任编辑	蔡大东	
封面设计	李　伟	
开　　本	710mm×1000mm	1/16
字　　数	100 千	
印　　张	7.5	
版　　次	2023 年 3 月第 1 版	
印　　次	2023 年 3 月第 1 次印刷	
印　　刷	天津和萱印刷有限公司	

出　　版	吉林出版集团股份有限公司
发　　行	吉林出版集团股份有限公司
地　　址	吉林省长春市福祉大路 5788 号
邮　　编	130000
电　　话	0431-81629968
邮　　箱	11915286@qq.com
书　　号	ISBN 978-7-5731-2765-5
定　　价	45.00 元

作者简介

孟现录，重庆第二师范学院体育系主任，副教授，重庆市轮滑协会会长，主要研究方向：新兴体育项目（轮滑）理论与实际以及学校体育管理。出版学术著作6部、教材6部；公开发表论文30余篇，其中核心论文7篇；主持科研、教研教改课题7项，校级课题3项；取得发明专利6项，知识产权1项；主持教学质量工程3项，科研论文获奖2项；曾获得国家体育总局颁发的"全国群众体育先进个人"称号。

前　言

新时代"体教融合"的目的是促进青少年健康发展，培养德智体美劳全面发展的社会主义建设者和接班人，其内涵无疑更加丰富，意义更加重大。因此明晰当前学校体育"体教融合"的实际情况尤为重要，它不仅是开展本书课题后续研究的基础，更是研究问题来源于实际并应用于实践的基本要求。

本书围绕新时代体教融合推进策略与路径，提出有针对性的推进策略与路径，为体育系统和教育系统更好地融合提供参考价值。同时，本书也重点对如下问题进行分析与探讨：用什么来衡量"体教融合"的质量与效果？如何评判人才质量和人才是否得到全面发展？用什么标准来衡量综合育人目标的达成情况？通过对问题的解答与相关内容的研究，旨在推动青少年文化学习和体育锻炼协调发展。除此之外，本书以重庆市校园轮滑（滑板）为例，从重庆市各区县以及各学校具体实践着眼，更有针对性地对体教融合推进策略与路径予以研究，以期更具指导意义与价值。

本书共四章。第一章为深化体教融合促进青少年健康的要求，主要从三方面进行阐述，分别为国内外发展现状、社会层面需求以及教师层面诉求。第二章为新时代学校体育工作的全面探究，包括学校"体教融合"的制约因素、学校"体教融合"综合育人标准建设以及"体教融合"背景下新课标实施路径研究三部分内容。第三章为学校体育"体教融合"推进策略与具体实践路径，重点阐述、探究了三方面内容，包括"总体推进：重庆市深化体教融合促进青少年发展""具体实践：重庆市各区县落实体教融合促进青少年发展"以及"重庆市学校体育'体教融合'推进策略与研究"。第四章为体教融合背景下重庆市校园轮滑推进策略与路径，重点对如下内容进行研究：重庆市校园轮滑（滑板）发展现状、体教融合示范案例展示以及体教融合背景下重庆市校园轮滑推进策略。

在撰写本书的过程中，作者得到了许多专家学者的帮助和指导，参考了大量的学术文献，在此表示真诚的感谢。

本书内容系统全面，论述条理清晰、深入浅出，但由于作者水平有限，书中难免会有疏漏之处，希望广大同行及时指正。

孟现录

2021 年 9 月

目 录

第一章　深化体教融合促进青少年健康的要求

本章为深化体教融合促进青少年健康的要求，主要论述了如下三方面内容，分别为国内外发展现状、社会层面需求以及教师层面诉求，为体教融合的推进研究夯实基础。

第一节　国内外发展现状

中共中央、国务院印发的《关于加强青少年体育增强青少年体质的意见》（以下简称《意见》）提出将增强青少年体质作为学校教育的基本目标之一，《意见》围绕学校体育提出了一系列改革举措。

该《意见》凝聚了学校体育改革的新理念，赋予了体教融合的新内涵，对推动新时代体教融合发展提出了新要求。各中小学应深入贯彻落实该《意见》，切实完成国家层面对深化体教融合，促进青少年健康发展，肩负起其应尽的职责使命。

下面，本书将对国内外体教融合发展现状进行分析，通过了解国内外发展情况，以期探究学校完成国家要求之路径，并为后续研究打下坚实基础。

一、国外关于体教融合相关研究

（一）学校体育与健康课程整体开展情况

美国健康与体育教育者协会认为，"学生的身体活动时间至少占教学时间的50%"是优质体育教育的基本要求之一。研究表明，我国小学（4年级以上）、初中和高中能够开足开齐体育与健康课的比例分别为50.0%、49.4%和87.9%，应该说，高中阶段的体育与健康课程的开设情况略好。课堂教学质量方面，"在体育与健康课堂上能够进行 20 分钟以上的运动技能学习"的比例不足 40%；21.3%的学生能在课堂上进行 10 分钟左右的体能练习。

（二）深刻认识到体教融合对青少年发展的重要性

综合学者研究，我们可以得出如下观点：

第一，学生运动员可以同时选择运动员和学生两种身份，如果选择后者，那么其未来的职业生涯会更加长远。

第二，学校的体育课程可以帮助学生运动员树立一定的健康理念，在提高身体素质的同时提升运动技能。

第三，教育是体育的本质，体育应该在引领青少年开展训练的过程中培养运动兴趣，进而增强体质并掌握一定的运动技能。

第四，体育应该以教育为基础，作为教育的一部分而存在，没有教育作为基础，体育的发展将不全面。

第五，体教结合是使人们获得教育及各种技能的、贯彻人们终身的且涉及人们多方面成长的体育活动。

（三）国外体教融合发展

美国依托于学校培养后备人才并将教育放在第一位，依托大、中、小学的业余训练培养竞技体育人才，从国家层面提供优越的条件支撑，同时学校配备良好的软硬件设施与条件保证日常的上课与训练。

美国在青少年培养时期以兴趣培养为主，中小学的体育课程种类丰富多样，学生可以选择自己喜欢的运动进行专门的训练。除此之外，美国拥有完善的联赛体系和管理制度，从中学开始就存在管理校际体育运动的运动部，到大学更是有全美大学生体育协会。在学生运动员培养方面，全美大学生体育协会在体能与运动技能方面不设标准，但是关于学业方面的要求却不断提升。

在德国的思想体系里，教育是贯穿个体终身的事情，应当充分重视，在体育生与其他普通学生相比较时要保证体育生不存在劣势。基于这种思想，德国的很多体育精英学校除了开设训练课外，还开设数学、历史、艺术等多种类、较丰富的课程，使体育生成为全面型人才，为日后学生的发展打下基础。

澳大利亚注重运动员的全面发展，在运动员的青少年时期就开始实施各项措施，为运动员日后就业打下良好基础。同时在澳大利亚的国家体育学院中还专门设置运动员综合发展部，除了帮助学生运动员解决学训问题外，还为其提供职业规划，体现了"以人为本"的思想。

日本的体育以国民的身体健康为根本，注重广大群众的身体素质提升。1964年东京奥运会之后，日本政府公布了《增强国民健康和体力对策》，引导人们自觉参与体育活动，在普及群众体质基础之上再进行"上层建筑"的建设。在注重群众体育锻炼的同时，日本从儿童的体育活动开始抓起，在一定意义上体现了体育归于教育。

二、国内关于体教融合相关研究

（一）对"体教结合"的认知

一些学者对"体教结合"的认知进行了探索，如厦门大学体育教学部教授郑婕及原体育教学部主任陈志伟认为"体教结合"的实质其实是改变以往培养的仅拥有运动技能的单一化运动员为同时拥有运动技能与文化素养的全面型运动员；嘉应学院副教授钟文正认为"体教结合"是体、教两部门一同培养集高素质、高技能于一体的全面型竞技人才；首都体育学院博士王凯珍、潘志琛等人认为"体教结合"包括两部门在机制上的结合、体校与学校的结合、训练与文化教育的结合；阳艺武，刘同员认为，"教体结合"是由于"体教结合"下所发展的产物同原始目标存在差别，完成度相对不高，进而遵循时代发展的自然规律而出现的，并认为"教体结合"的存在将扭转我国传统的关于竞技体育后备人才培养方面体与教分离的情况，最终走向由教育系统培养的新的机制。

研究表明，"体教结合"是体育与教育双方以自身利益为主，"教体结合"是教育系统在承担起培养后备人才的任务的同时注重人的全面发展，前者向后者的转变是学校体育功能的回归与完善；鲁东大学体育学院讲师丁永玺认为，"体教结合"是竞技体育同学校教育的结合，"教体结合"是在学校基础之上进行的体育人才培养，并认为后者对实现我国竞技体育可持续、推动学校体育活动开展具有一定作用，是双赢的发展模式；南京铁道职业技术学院讲师顾齐洲及南京体育学院研究员孙国友认为"体教融合"在主体、管理模式以及运行机制上区别于"体教结合"，从结合发展到融合，是我国高校竞技体育发展的新模式，后者是突破前者体制性障碍的需要，是前者的进一步升华。

（二）"体教结合"模式运行状况研究

一些学者对"体教结合"模式运行过程中的发展状况进行了研究，如上海财经大学体育教学部讲师张燕及上海体育学院讲师郭修金认为"体教结合"在发展运行中取得了一定成绩：体育和教育系统的认识不断提高；大、中、小学校长的办学思想有了一定突破，学校体育得到一定发展；制度建设不断完善，保障了"体教结合"的运行。

但是，同时也存在一定发展制约，如多位学者认为我国"体教结合"模式存在学习与训练矛盾突出、人才培养单一、师资力量有限、教练员队伍有限等问题。上海体育学院教授虞重干认为"体教结合"在实践中存在以下困惑：高校层面上存在经费短缺、学生参加比赛受限以及体制的困惑，行政部门层面上存在"举国体制"下成绩的取得与改革之间的矛盾。

除此之外，多位学者还认为"体教结合"模式的运行具有一定重要意义，并将进一步得到发展。沈阳体育学院副教授杨雷、沈阳体育学院讲师王静宜认为"体教结合"是人本教育思想的内在要求，是世界竞技体育终极目标发展的总体趋势，有利于促进我国竞技体育制度完善及后备人才的全面发展；华中师范大学体育学院学者董静、董国永等人认为"体教结合"可以提高运动队的训练成绩，同时可以满足家长的价值趋向及个人需求，解决退役运动员就业问题，解决体校及运动队的困惑。

我国对体育与教育关系问题的研究历经"体教结合"到"体教融合"的过程。关于"体教结合"的研究，1991年蒋世宽在《体教结合十年业余训练的思考》中就已经提到，讨论了"体教结合"的价值和效应等。而至今依然有研究探讨"体教结合"的和谐发展机制和人才培养策略问题。关于"体教融合"研究也并非从《意见》出台以后开始，早在2007年、2009年就有《从"体教结合"到"体教融合"对高水平健美操人才培养体系的探索》《论"体教结合"向"体教融合"的转变》的研究。《意见》出台以后，《中国体育报》等多家媒体也陆续报道了关于"体教融合"的相关资讯。如《中国体育报》以《让青少年德智体美劳全面发展》为题，报道了国家对"体教融合"的强化政策；武汉体育学院举办专题讨论"理念、方法、路径：体教融合的理论阐释与实践探讨"。

《意见》出的台更加凸显体育与教育融合发展的意义和价值。新时期提出的"体教融合"立足于青少年身心健康的发展，旨在加强学校体育工作。与之前的"体教结合"有着不同的着眼点与侧重点。以往的"体教结合"主要指竞技体育后备人才的培养，现在的"体教融合"主要指青少年学生的体育锻炼。

（三）实行"体教结合"存在的问题与对策

还有一部分学者对实行"体教结合"存在的问题与对策进行了分析，如胡剑波、汪珞琪认为在实行"体教结合"模式时，主要面临体制、定位、重复建设、培养资源不足、竞技水平不高、校内教育资源分配不公平、学校体育弱化等问题，并提出各部门与各学校应加强对"体教结合"的认识、树立实行"体教结合"的自觉性、探索"体""教"的理想结合形式、坚持连贯大中小学的人才培养模式与科学训练，努力提高大学生运动员竞技水平、推动学校高水平运动队的建设、改革赛制、加强学校体育等对策；宋旭认为我国高校"体教结合"存在内涵与体系不清楚、模式与定位不准确、属性和个性不一致、资源缺乏、合作有障碍等问题，并提出应科学构建培养体系、冷静对待重点大学办队等对策。

另外，还有多位学者认为我国实行"体教结合"存在诸如生源质量得不到保证、生源缺乏、学训矛盾、竞赛体系不完善、缺乏制度保障、缺乏经费场地等问题。黄香伯、周建梅在《体教结合培养体育后备人才模式研究》中认为，"体教结合"首先是体育部门和教育部门应把培养全面发展的人作为培养目标，然后才是高水平的运动员和劳动者，建议体育部门通过办班提高教育部门的教练员的水平，同时还可通过体育部门的教练员到教育部门执教的方式提高学校运动队水平，或学校运动队参与体校的训练来提高成绩。另外，还提倡吸引社会的力量到学校来帮助提高学校运动队的水平。在全国范围内建立从小学到大学的一条龙运动员培养体系。

从以上的研究可以看出，从20世纪80年代提出"体教融合"开始，我国体育工作者就展开了深入的研究。众多学者从"体教融合"政策的形成与发展、现状、面临的问题、改进措施等方面进行研究，从"体教结合"到"体教融合"，历经了国家体育和教育治理体系、治理能力现代化的不断完善与发展。

体育和教育的互通，可以促进学生全面发展，树立"健康第一"的教育理念，开齐开足体育课，加大对青少年体育赛事、活动的宣传转播力度，营造全社会关注、重视青少年体育的良好氛围。青少年体育应该是面向人人的，而竞技体育的发展应该融入面向人人的体育中去，这是一个核心理念。

学校体育的发展要转变观念，从过去仅仅注重增强体质，向学会、勤练、常赛转变，让每一名学生都要学会至少一项体育技能。"简政放权、放管结合、优化服务"的理念促使青少年体育赛事改革趋向社会化、市场化、层次化。但是，先前的研究也还有不足之处。例如，对"体教结合"的模式研究得较多，但对"体教融合"的探讨没有深度，研究停留在形式上和表层上，对制约结合的根本原因分析的力度不够，缺乏用科学发展观的理念审视"体教融合"的发展。在"体教融合"现状调查基础上提出的对策，只是对原有模式或现状进行的修补，因而多数局限于"体教如何融合"，类似"头痛医头、脚痛医脚"的研究。许多研究局限于对阶段性"体教融合"的研究，缺乏对"体教融合"形成的社会背景、现状进行的整体、宏观、系统的研究，而正是这种宏观发展理论方面的缺失，给"体教融合"的发展带来了困难，使其缺乏理论方面的指导，在实践上带有盲目性。

梁凤波在《中国体育报》发表的《体教融合的价值取向与"融点"探索》指出："我国相继出台的 2007 年中央七号文件、2012 年中共中央国务院下发《国务院办公厅转发教育部等部门关于进一步加强学校体育工作若干意见的通知》、2016 年国务院办公厅下发《国务院办公厅关于强化学校体育促进学生身心健康全面发展的意见》、2019 年的高校自主招生加测体育政策以及 2020 年的"强基计划"都要求高校在招生过程中进行体育测试。"体育本来就是教育不可分割的一部分，如果在人才培养体系中人为地把二者割裂开来，那培养出来的人想必也不是健全的。

"体教融合"是一个动态变化的过程，从融合程度来看，有的融合度高，有的融合度低。而且，这种融合会因为内外部环境的变化而呈动态变化。从理论上来分析，体育与教育从各自独立到完全达到高度的融合大致存在五种类型，即没有融合、很少融合、中等融合、很多融合、完全融合。

"没有融合"在现实中是不存在的，因为体育系统和教育系统不可能完全隔离。就竞技体育而言，即使是没有专门的强化教育，但竞技比赛使体育的育人功能得以呈现，如吃苦耐劳、拼搏进取、勇往直前、永不言败、公平竞争等。很多教练都在训练或比赛中将这些内容灌输给运动员，运动员也会潜移默化地形成顽强拼搏的体育精神。在国民教育系统中，党的教育方针要求德智体美劳全面发展，体育是教育的重要组成部分，体育教育工作的开展也明确呈现出了体育的育人功能和价值体现。"完全融合"是理论上的一种理想状态，在现实中很难做到。现实中"体教融合"的常见状态是融合经历一个由小到大的过程。融合度的大小一方面反映出政策导向与策略的合理程度，另一方面影响着"体教融合"作用的发挥和价值体现。因此，无论是国家出台重要文件，还是地方贯彻落实文件做出重要决策，都充分体现着融合度逐渐增大的需求。

当前，新时代"体教融合"需要促进学生的全面发展，在体教融合的背景下充分发挥高校体育在促进青少年成长中的重要作用。所以，新时代的"体教融合"是将体育作为教育育人的一个重要途径，不是简单地将体育与教育相加，也不仅仅是体育回归教育的问题，而是要牢固树立体教协同育人理念，并将这一理念在工作目标、工作内容、工作评价上充分体现，把体育和教育各自的理念优势变为共同的优势，共同作用于青少年的身心健康发展，产生"1+1>2"的系统整合效果。体教协同育人的理念是要将体育纳入高校的学科教学体系、日常教育体系、管理服务体系和评估督导体系等具体工作内容中，以"立德"为纽带，以"树人"为方向，完成我国教育的根本任务。

现代社会竞争愈加激烈，社会对新时代人才提出了更高的要求，所需要的人才不仅只是能够考高分的高分学生，而是身体素质和心理素质等多方面能力都优秀的全能型人才，因此高校体育教学不应该只注重学生体育技能的培养和学生身体素质的加强，还应该兼顾学生的思想政治教育，将二者有机结合进行发展。本书通过系统的研究（图1-1-1），探讨新时代"体教融合"的推进策略与路径研究，树立体教协同育人的价值理念，只有充分发挥体育和教育育人的综合价值，才能解决社会各界对"体教融合"理念理解的片面性，培养出德智体美劳全面发展的社会主义建设者和接班人，进而为我国新时代"体教融合"提供理论与实践指导。

总的来说，高校要按照中国特色社会主义新时代发展总体要求，在"体育强国"思想指引下，以培养"全面发展的人"为最终目标，探索"体教融合"新方向。第一，明确发展路径，培养"全面发展"的高水平人才，节约社会资源，活跃高校体育文化，弘扬"中华体育精神"。第二，充分挖掘体育的育人功能，创建高水平的体育育人多元示范课程，打造德育与体育并重的育人课程模式，对于提高青少年的身体素质具有重要的现实意义。第三，推动学校体育可持续高质量发展，推动体育大国向体育强国迈进，夯实中华民族伟大复兴的教育和体育基石。

高校要基于新历史时期体育与教育工作要点，加强高校体育工作、推进素质教育发展进程、提升青少年体质、完善青少年训练体系，构建"体教融合"新框架。第一，整合体育与教育双方的资源，进而培养具有综合能力的高素质的人才及全面发展的体育后备人才，符合人才培养的内在本质，符合"体教融合"双方人才培养本质需求。第二，推进体育文化育人，促进青少年健康成长和全面发展，有利于完善文化传承与创新发展体系，增强青少年文化自觉和文化自信，进而提升国家文化软实力。第三，加强青少年健康教育，塑造自主自律的健康行为，普及健康生活。

新时代体育发展的过程必须坚持以促进青少年健康发展为主要导向，始终坚持"一体化设计、一体化推进"的总体原则，彻底解决青少年体育发展出现的问题、矛盾和短板，推动体育与教育事业持续健康发展。

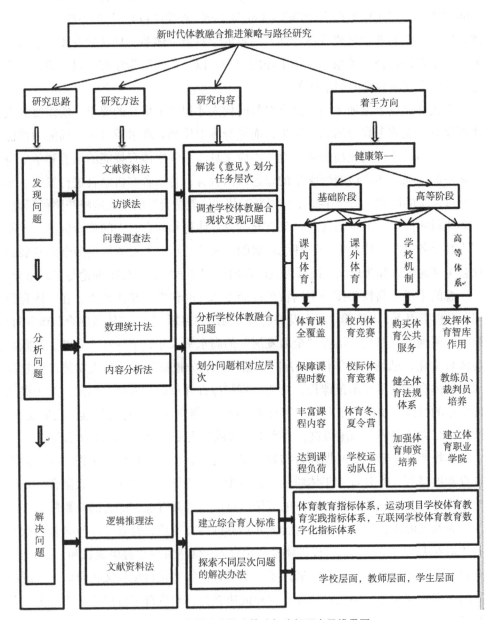

图 1-1-1 体教融合推进策略与路径研究思维导图

第二节 社会层面需求

一、学校对师资的需求

2009 年全国中小学体育教师约 43 万人，缺额约 29 万人。2018 年全国体育教师 55 万人，仍有 20 万左右的缺口。一方面，学校体育师资缺口总体较大，另一方面，学校对于体育教师的素质有较高要求，特别在法律法规、师德师风、专项技能等方面较为注重。

中共中央办公厅、国务院办公厅印发《关于全面加强和改进新时代学校体育工作的意见》和《关于全面加强和改进新时代学校美育工作的意见》，其中明确提到配齐配强体育教师的要求并提出具体指导意见，各地应加大力度配齐中、小学体育教师，未配齐的地区应每年划出一定比例用于招聘体育教师。在大、中、小学校设立专（兼）职教练员岗位，建立聘用优秀退役运动员为体育教师或教练员制度。有条件的地区可以通过购买服务方式，与相关专业机构等社会力量合作向中、小学提供体育教育教学服务，缓解体育师资不足问题。实施体育教育专业大学生支教计划，通过"国培计划"等加大对农村体育教师的培训力度，支持高等师范院校与优质中小学建立协同培训基地，支持体育教师海外研修访学。推进高校体育教育专业人才培养模式改革，推进地方政府、高校、中小学协同育人，建设一批试点学校和教育基地。明确高校高职体育专业和高校高水平运动队专业教师、教练员配备最低标准，不达标的高校原则上不得开办相关专业。

根据调研，按照体育学科占总课程比例 11% 和体育教师每周课时 15 节计算，在义务教育阶段，仍然存在体育教师缺编问题，尤其是乡村地区的小学、初中和教学点，其体育教师缺口相对较大。

近年来，直接提供师资，引进高质量第三方服务，积极推动学校设立教练员岗位，搭建平台、整合资源提供师资，支持退役运动员到大中小学任教，盘活体育教师"存量"，健全中小学体育教师继续教育制度，建立奖惩制度等切实举措不断落地。2021 年全国中小学体育教师人数为 77.05 万人，比 2016 年增加 18.51 万人，平均每年增加 3.7 万人。

引入优秀退役运动员在学校任教也是解决该问题的一个重要举措。这种做法不仅可以填补体育教师缺口，帮助退役运动员解决就业问题，更重要的是还可以为青少年树立榜样，促进学生身心健康发展。多渠道配齐配强学校体育教师，开齐开足体育课，确保学校体育工作制度机制更加健全，教学、训练、竞赛体系普遍建立，师资力量是其中十分重要的一环。

二、行业业务拓展的需要

我国体育行业发展正在不断完善，十八大以来，服务型政府成为我国政府改革的目标，"管办分离""政社分开"不断被提及，其目的在于使政府从社会组织中有序退出，重塑社会组织的社会主体地位。2015年《行业协会商会与行政机关脱钩总体方案》（简称《脱钩总体方案》）的发布，拉开了行业协会与政府脱钩改革的序幕。同年，中国足协与体育总局的脱钩成为全国性体育社会组织与政府脱钩的起点。2017年中国篮球协会与篮球管理中心脱钩，两大球的社会管理体系基本形成。2019年6月中央再次下发《关于全面推开行业协会商会与行政机关脱钩改革的实施意见》，全面督促体育总局附属各类协会尽快脱钩，单项协会脱钩成为当时体育总局的工作重点。所谓单项协会与政府脱钩，是指单项协会与体育行政部门脱离，在机构设置、财务管理、人事管理、外事交流等方面拥有自主权，成为管理本行业事务的独立自主、依法自治的社会团体法人。

当前我国体育社会组织改革模式有以下三种：一是中国足球协会改革模式。2015年2月27日，中央深化改革领导小组会议通过了《中国足球改革总体方案》，拉开了中国足球改革的序幕。2015年8月17日，国务院足球改革发展部际联席会议办公室制定了《中国足球协会调整改革方案》。二是参照行业协会、商会类的脱钩模式。依据《脱钩总体方案》，国家体育总局所辖的大部分单项协会都被认定为行业协会而被纳入脱钩的范围，意味着这些协会需要按照方案的总体部署与时间表开展脱钩工作。国家体育总局根据脱钩联合工作组的统一安排，按要求积极参与了上述3批脱钩试点，共计安排了28家体育协会开展脱钩试点工作。三是部分奥运项目协会的功能优化改革模式。由于奥运项目协会承担着为国争光等特殊职能，除上述中央牵头的中国足协改革和参照行业协会脱钩试点的非奥运项目协会改革外，2017年初以来，国家体育总局还主要针对奥运项目开展了以优化功能为目的的"做实不脱钩"的改革，先后对篮球、排球、自行车、滑冰、击剑等项目协会开展了实体化改革的试点。

体育社会组织脱钩后如何增强造血能力是实现发展方式转变的关键。新形势下，切实加大体育社会组织发展力度，为群众提供丰富的公共体育服务产品，拓展自身服务能力是形势使然。"体教融合"文件的出台对于体育培训机构行业的发展具有重大影响。另外，体育产业的发展方向应该更加关注青少年体质健康，把产业和教育进行有机的结合。

中共中央办公厅、国务院办公厅印发《关于全面加强和改进新时代学校体育工作的意见》和《关于全面加强和改进新时代学校美育工作的意见》（2020年10月15日中共中央办公厅、国务院办公厅发布），指出通过"政府购买服务"等形式支持社会力量进入学校，从社会层面为提高青少年体育技能提供支持。在政策支持下，如果社会力量进学校能成功普及，也将反哺社会体教机构和俱乐部，呈双赢局面。要发展体育运动，增强人民体质，在全人群尤其是青少年阶段倡导体育锻炼模式。要建立衔接有序的社会体育俱乐部竞赛，训练和培训体系，落实相关税收政策，在场地等方面提供政策支持。政府、学校与社会体育俱乐部（社会力量）三者之中，不可少的就是"体育社会组织"。体育社会组织作为承接政府职能转移、提供公共体育服务的重要主体，在体教融合过程中的"桥梁""纽带""平台"作用极为重要。

体育社会组织是满足群众体育健身需求的有效形式，也是群众体育与竞技体育协调发展在基层的最佳结合点。各级各类体育社会组织在组织群众参加体育活动、开展青少年业余训练、为竞技体育输送人才、促进群众体育和竞技体育协调发展、推进体育社会化方面起着非常重要的作用。我们应该支持和鼓励各级各类体育社会组织的发展，为竞技体育多元化创造更多可能。

我国体育社会组织在良好政策与制度环境下取得了良好发展势头，数量增长较快，管理体制改革逐步深化，自我造血能力越来越强，作用发挥愈加明显。但是，我们也必须清醒认识到，体育社会组织作为承接政府职能转移、提供公共体育服务的重要主体，与人民日益增长的体育需求还存在很大差距和不足。

体育社会组织与政府脱钩的理论逻辑源于治理，脱钩改革反映出体育行政思维的转变。另外，脱钩改革与历史有着一定的相似性与连续性，单项协会脱钩改革与体育体制社会化改革目标相适应，是协会实体化改革在新时代的延续。在现实逻辑方面，一方面体育社会组织脱钩有利于单项协会的能力提升，能够激发协会的社会活力，使协会回归社会组织本质，在"体教融合"中可以是实体单位，也可以是媒介组织，还可以是监督和行业监督平台。另一方面，体育社会组织脱钩改革是政府职能转变的现实要求，有助于政府降低社会管理成本，发挥其在"体教融合"中的整合作用，可以提高社会资源利用效率。

与此同时，脱钩后的体育社会组织在"体教融合"发挥作用过程中也存在一些问题：一是体育社会组织发展能力不强，脱钩后运行困难。部分体育社会组织存在机构不健全、人才流失严重、缺乏行业规范等现象，其造血能力存在明显不足。二是体育社会组织准入制度约束，限定体育社会组织竞争活力和资源吸纳能力。一方面，"双重管理体制"已经难以适应新时代体育社会组织发展需求，另一方面，双重管理体制下业务主管部门"控制型管理"取向明显。三是行政资源的"路径依附"。我国体育社会组织发展起步慢，发展时间较短，整体活力不足，对政府的依赖性较强，表现为功能上被动性参与特征，处于一种低层次的依附式发展。四是监管手段乏力，易造成对于体育社会组织管理"真空"与"失灵"。

"体教融合"背景下体育社会组织后发展路径。一是廓清政社职能边界，推行体育社会组织职能清单制度。在体制机制改革的大背景下，建立一套适应全国及地方体育社会组织的基本职能体系规范，明确体育社会组织的基本职能和责任范围，建立职能清单，引领体育社会组织发挥应有职能。二是大力培育体育社会组织，形成全方位的配套扶持制度。以增量改革促进存量改革，建立开放性体育社会组织准入制度。三是明确监管关系，建立科学合理的综合监管制度。优化关系结构，积极探索"政社互动、合作共治"制度。

社会力量是竞技体育后备人才培养的重要组成部分。在动员社会力量进行社会化培养上，一是要坚持鼓励院校、中小学校、体育协会、体育俱乐部、企业、个体等社会力量热情参与到体育后备人才培养事业中，主动向体育系统输送优秀后备人才。二是利用"双减"政策落地契机，引导和支持社会力量兴办多种形式的青少年体育培训机构，规范有序发展基层青少年体育训练组织。同时持续鼓励社会力量开设的体育培训机构申报青少年后备人才基地，并给予相关配套补助或一定数额的奖励。三是进一步完善竞技体育后备人才选材推荐机制，注重发挥市场机制的作用，构建体育系统、教育系统、社会组织多方参与、多元投入的新型竞技体育后备人才输送奖励体系。

第三节　教师层面诉求

中共中央国务院《关于全面深化新时代教师队伍建设改革的意见》（2018年1月20日）中指出，要全面提高中小学教师质量，建设一支高素质专业化的教师队伍。教师主体性的发挥是实现学校教育自身价值的需要。教师在一定意义上代表了人类主体性的发展水平和社会发展要求，是成熟的主体，而受教育者则是未成熟的人类个体，是待生成发展的主体。教育者主体性的作用主要表现在由同质化的设计、组织、实施、评价的"程序主义"的课程开发，转向异质性的"多元主义"的课程理解，充分调动儿童的主体性；受教育者的主体性主要表现在活动中的意向性、积极性、自主构建等方面。

2020年4月，中央全面深化改革委员会第十三次会议审议通过了《关于深化体教融合促进青少年健康发展意见》。同年9月，国家体育总局和教育部联合印发了《关于深化体教融合促进青少年健康发展意见》，明确提出，第一，要落实《学校体育美育兼职教师管理办法》，制定优秀退役运动员进校园担任体育教师和教练员制度，制定体校等体育系统教师、教练员到中小学校任教制度和中小学校文化课教师到体校任教制度。畅通优秀退役运动员、教练员进入学校兼任、担任体育教师的渠道，探索先入职后培训。第二，要选派优秀体育教师参加各种体育运动项目技能培训，增强体育教学和课余训练能力。第三，要在大中小学校建立专兼职教练员岗位制度，明确教练员职称评定、职业发展空间等。

探寻体教融合过程中"师资"培养四路向，即从高校、企业、行业和基地四个方面进行建构。一是高校，通过高校的教育课程，融合第一课堂、第二课堂和第三课堂，培养师资应该具备的理论知识、技能技巧与教育教学方法等教育教学技能。二是企业，通过校企合作、产教融合和协同育人等多途径培养师资的创新创业能力。三是行业，通过行业标准、行业引领和行业辐射，引导师资培养方向和质量。四是基地，尤其是基地学校，在培养师资过程中，合作基地单位发挥重要作用，基地实践不断反馈与完善人才培养体系，重点围绕师资的实践能力进行培养。确定四个方向，一是通过高校"健康知识＋基本运动技能＋专项运动技能"的学校体育教学，完善体育教育专业学生教学能力，解决师资教育教学能力；二是在企业锻炼中不断提升创新创业能力；三是通过行业技能标准和评价，促使儿童特色体育师资专项技能提升；四是通过基地合作提升实践能力，科学、有效地推进人才培养模式改革，培养社会需要的应用型体育人才，解决了学历提升、能力素质提升和准入资格三个问题。

首先，学历提升问题的解决。我国义务阶段对体育教师的学历要求为大专以上，于个人发展而言，学历提升是加强自我学习，满足社会岗位要求的重要途径。力争通过网络教育、函授等形式提升这部分师资的学历水平。

其次，能力素质提升问题的解决。当前社会师资的资质与能力一直备受关注，一方面大部分培训机构对于社会师资没有明确要求，导致教师能力参差不齐。另一方面退役运动员、社会行业优秀从业者等体育优秀人才要走进学校施展才华，在师德师风、教育原理、专业理论等方面还需要进一步提升。

最后，准入资格问题的解决。目前，我国教师资格准入是通过《教师法》的形式确立的，对教师的职业资格准入做出了明确的规定。但社会师资进入学校进行体育教学、教练服务，需要有一个准入的认定。体育和教育部门可以针对"体教融合"共同拟定准入资格，由校外教练和校内教师"1+1"的组合进行体育课程落实。

第二章 新时代学校体育工作的全面探究

本章主要阐述了新时代学校体育工作的全面探究，包括学校体育"体教融合"的制约因素、学校体育"体教融合"综合育人标准建设、"体教融合"背景下新课标实施路径研究三部分内容。

第一节 学校体育"体教融合"的制约因素

"体教融合"在实际的融合过程中存在诸多问题，学者从各个方面予以关注，有的学者认为体教融合没有取得实质进展的主要原因是体制性障碍，如学训矛盾、竞赛制度、选拔制度等，而这种障碍产生的原因，是我国条块分割的管理体制。在新时代的背景下，"体教融合"的目的是促进青少年健康发展，培养德智体美劳全面发展的社会主义建设者和接班人，其内涵无疑更加丰富，意义更加重大。因此，明晰当前学校体育"体教融合"的实际情况尤为重要，它不仅是"体教融合"后续研究的基础，更是"体教融合"研究问题来源于实际并应用于实践的基本要求。

学校体育是实现立德树人根本任务、提升学生综合素质的基础性工程，是加快推进教育现代化、建设教育强国和体育强国的重要工作，对于弘扬社会主义核心价值观，培养学生爱国主义、集体主义、社会主义精神和奋发向上、顽强拼搏的意志品质，实现以体育智、以体育心具有独特功能。体育教育的目的是以立德树人为根本，以社会主义核心价值观为引领，以服务学生全面发展、增强综合素质为目标，坚持"健康第一"的教育理念，推动青少年文化学习和体育锻炼协调发展，帮助学生在体育锻炼中享受乐趣、增强体质、健全人格、锤炼意志，培养德智体美劳全面发展的社会主义建设者和接班人。配齐配强体育教师，开齐开足体育课，办学条件全面改善，学校体育工作制度机制更加健全，教学、训练、竞赛体系普遍建立，教育教学质量全面提高，育人成效显著增强，学生身体素质和综合素养明显提升。截止到 2035 年，多样化、现代化、高质量的学校体育体系将基本形成。

然而，在学校体育"体教融合"过程中，还存在许多问题，成为发展过程中的制约因素。

一、体育课时偏少，师资不足

一些学校达不到国家提出的基础教育阶段学校每天开设 1 节体育课的要求，而师资不足是很多学校存在的问题。

二、大、中、小、幼缺乏衔接

学前教育阶段体育课程、义务教育阶段体育课程、高中阶段体育课程和高等教育阶段体育课程衔接存在问题，学生从小到大，感觉什么体育运动都接触了，又感觉什么运动项目都不专业。

三、体育与教育竞赛被区别对待

集校内竞赛、校际联赛、选拔性竞赛为一体的大、中、小学体育竞赛体系还没有形成，比赛中出现体育部门主办和教育部门主办区别参赛和区别对待的问题。例如，某市教育委员会或者区县教育部门主办的比赛放在周一至周五，学生都可以参赛，而该市体育局或者区县文旅委（体育局）主办的比赛，学生参赛必须是周末，不得占用上学周一至周五，导致学校重视程度不够。在高水平运动员注册、体育运动水平等级标准、教育和体育系统高水平赛事互认等方面，缺乏良好的机制。

四、场地器材建设配备不齐

国家学校体育卫生条件基本标准尚未形成，一些学校场地器材建设和投入根据地方经费投入和学校情况而定，这其中差距很大，如农村学校体育设施建设中没有中小学体育场馆，体育基础薄弱；小规模学校还没有配备必要的功能教室和设施设备。

五、整合社会资源通道不顺

学校和公共体育场馆地开放不能互促共进，学校体育场馆不向社会开放，公共体育场馆也不向学生免费或低收费开放，只能在体育培训机构租赁后再提供给学生使用，降低了体育场馆开放程度和利用效率。体育公司、培训机构等体育服务机构进入学校时不够规范，不利于开展体育活动，也不利于解决中小学课后"三点半"问题。

第二节　学校体育"体教融合"综合育人标准建设

"体教融合"的质量与效果，用什么来衡量？"体教融合"更加注重全体学生的全面发展，如何评判人才质量和是否得到全面发展？涉及评价体系的建立用什么标准来衡量综合育人目标的达成情况？相关的政策法规不仅要求"教育、体育部门为在校学生的运动水平等级认证制定统一标准并共同评定""教育部、体育总局共同制定学校体育标准"，而且还提出"研究制定有体育特长学生的评价，升学保障等政策"，涉及学校体育评价指标体系应该有三个体系设计：体育教育指标体系、运动项目学校体育教育实践指标体系以及互联网学校体育教育数字化指标体系，对这一部分的研究可以从这三方面着手。

要结合学校体育"体教融合"发展状况的调查信息，科学、准确地分析融合中的各种矛盾问题及其原因，同时设计出可行的能够有效推动学校体育"体教融合"的策略与路径。"体教融合"的难点是建立综合育人标准体系，涉及体育教育指标体系、运动项目学校体育教育实践指标体系、互联网学校体育数字化指标体系三个体系。而这三个体系所包含的内容广泛，如学校体育工作组织与管理、体育课教学、课外体育活动、课余训练与竞赛等。如今我们需要将焦点投射在促进青少年健康上，建立综合育人标准体系无疑是一项浩大的工程。当前我国综合育人体系与实现国家德智体美劳全面发展的社会主义建设者和接班人的人才培养目标具有一定差距，所以在一体化背景下研制学校体育标准、创建运动能力等级标准、完善体育质量评价体系等方面的工作刻不容缓。

"体教融合"并非体育训练和文化教育的机械结合，而是"体教融合"内部的优势与劣势和外部的机遇与挑战的有机结合。要打破阻碍青少年身心健康发展和青少年体育后备人才培养体制机制优化的障碍，构建思想融合、目标融合、资源融合、举措融合的体教融合新体系，使其成为国家青少年体育公共服务体系的基石。在体教融合体系架构下，具有青少年体育服务功能和职能的组织均应以体育促进青少年健康发展为己任，明确责任定位、实施科学策略，提高青少年健康促进的效率和建立竞技体育人才培养的协同组织机制。

一、明确依据，制订评价标准

《关于全面加强和改进新时代学校体育工作的意见》和《关于全面加强和改进新时代学校美育工作的意见》（2020年10月15日中共中央办公厅、国务院办公厅发布）中提出，推进学校体育评价改革、完善体育教师岗位评价和健全教育督导评价体系是评价标准制定的依据（图2-2-1）。

图 2-2-1　评价标准制定的依据

（一）推进学校体育评价改革

建立日常参与、体质监测和专项运动技能测试相结合的考查机制，将达到国家学生体质健康标准要求作为教育教学考核的重要内容。完善学生体质健康档案，中小学校要客观记录学生日常体育参与情况和体质健康监测结果，定期向家长反馈。将体育科目纳入初、高中学业水平考试范围。改进中考体育测试内容、方式和计分办法，科学确定并逐步提高分值。积极推进高校在招生测试中增设体育项目。启动在高校招生中使用体育素养评价结果的研究。加强学生综合素质评价档案使用，高校要根据人才培养目标和专业学习需要，将学生综合素质评价结果作为招生录取的重要参考。

（二）完善体育教师岗位评价

把师德师风作为评价体育教师素质的第一标准。围绕教会、勤练、常赛的要求，完善体育教师绩效工资和考核评价机制。将评价导向从教师教了多少转向教会了多少，从完成课时数量转向教育教学质量。将体育教师课余指导学生勤练和常赛，以及承担学校安排的课后训练、课外活动、课后服务、指导参赛和走教任务计入工作量，并根据学生体质健康状况和竞赛成绩，在绩效工资内部分配时给予倾斜。完善体育教师职称评聘标准，确保体育教师在职务职称晋升、教学科研成果评定等方面，与其他学科教师享受同等待遇。优化体育教师岗位结构，畅通体育教师职业发展通道。提升体育教师科研能力，在全国教育科学规划课题、教育部人文社会科学研究项目中设立体育专项课题。加大对体育教师表彰力度，在教学成果奖等评选表彰中，保证体育教师占有一定比例。参照体育教师评价，研究并逐步完善学校教练员岗位评价。

（三）健全教育督导评价体系

将学校体育发展纳入地方发展规划，明确政府、教育行政部门和学校的职责。把政策措施落实情况、学生体质健康状况、素质测评情况和支持学校开展体育工作情况等纳入教育督导评估范围。完善国家义务教育体育质量监测，提高监测科学性，公布监测结果。把体育工作及其效果作为高校办学评价的重要指标，纳入高校本科教学工作评估指标体系和"双一流"建设成效评价。对政策落实不到位、学生体质健康达标率和素质测评合格率持续下降的地方政府、教育行政部门和学校负责人，应予以问责。

以体教融合中学生或者青少年体质健康测试评价标准制定为例，该如何制定评价体系呢？

1. 标准指标的确定

随着健康教育理念、教育技术、教育外延的不断更新以及智能穿戴设备的迅猛发展，人们越来越重视儿童及青少年健康行为数据指标的收集和观测，旨在通过干预健康行为来达到提升体质健康水平的目的，同时研究健康行为和体质健康指标的内在联系。儿童及青少年体质健康数据指标主要包含三个方面的指标体系：

第一，生理机能指标：肺活量、心率、体脂、视力等。

第二，身体形态指标：身高、体重、三围等。

第三，身体素质指标：速度、力量、耐力、柔韧、灵敏等。

2. 评价实施完善

对儿童及青少年体质健康数据进行采集、传输、分析评价的工作，通过开发硬件设备检测管理软件、指纹校验接口，使检测过程自动化，通过硬件集成通信卡达到数据传输自动化，通过职能分析软件的编写使得数据处理可视化、智能化。具体流程图如图 2-2-2 所示。

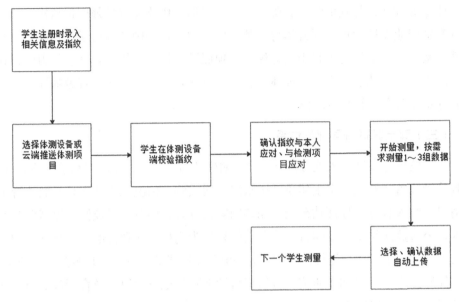

图 2-2-2　评价实施完善流程图

3. 数据评价运用

儿童及青少年体质健康大数据分析模型研究，主要在儿童及青少年体质健康大数据中挖掘出有价值的数据，主要方向是儿童及青少年体质健康指标的横向数据比较、纵向连续数据收集、动态数据变化、健康行为数据收集等多个方面。主要在三个层面加以应用：

（1）儿童个体体质健康数据建模

随时监测个人各项体质健康指标，对儿童的体质健康发展提供指导和干预依据。

（2）学校的体育教育绩效管理与评估

通过各种指标的分析，评估各个部门体育教育的绩效，为科学管理提供依据。

（3）家庭及社会层面

通过儿童及青少年的健康行为数据分析，扩展体育教育的外延，引导、指导家庭及社会（重点为相关企业）促进儿童青少年的体质健康提升。

二、融入技术，支撑标准落实

近年来，随着云计算、物联网、移动互联网、人工智能等技术的高速发展，大数据的神秘面纱逐渐被人们揭开，而我国也把大数据发展与应用提升至国家战略层面。大数据一词迅速成为各行各业的焦点，从经济到教育无不深刻地影响着人们的生活、工作和学习。儿童及青少年体质健康问题作为教育系统关注的焦点，毫无疑问，必然会受到大数据发展与应用所带来的影响。

2014 年 7 月，教育部发布了 30 年来学生体质与健康变化情况。监测数据显示，学生的柔韧性、爆发力、肌力、耐力、肺活量等多项指标都呈现下降的趋势，尤其耐力素质持续 20 年下滑，速度和力量则持续 10 年下滑，且肥胖比例持续上升，视力不良检出率继续增高。多年来，我国学生体质健康状况虽有部分指标止跌回升但总体上仍然呈持续下滑趋势，儿童及青少年体质健康水平提升成为世界各国共同关注的话题。为改善儿童青少年体质健康状况不断下降的现实，教育部在 2014 年发布了关于印发《国家学生体质健康标准》的通知，该标准虽然丰富了测试内容，提高了应用信度、效度和区分度，强化其教育激励、反馈调整和引导锻炼等功能，但我国的学生体质测试依然存在诸如"定点""截面""不实"等主要问题。

要加强学校和社会的经济联系，在体育器材设施方面创新应用，市场急需在体育师资力量及体育智能产品工具角度解决短缺问题，帮助教师减负，比如，体育智能体测，便捷管理，直接上传后台，具有随测随评等功能。对接学校学籍管理和体质健康测试系统，从体育教学、场馆管理、社团活动、运动指数四个方面进行分析，通过移动端小程序、物联网硬件、电视大屏等硬件，实现学校体育工作信息化、数字化。

自 20 世纪 90 年代以来，世界各国都在加快教育现代化的步伐，教育信息化、数字化程度的高低已成为衡量一个国家综合国力的重要标志，体育教学作为教学一个不可缺少的重要组成部分，其信息化建设也逐步受到重视。政府在《国家中长期教育改革和发展规划纲要（2010—2020 年）》中提出要大力加快我国教育信息化进程，截止到 2020 年，基本建成覆盖各级各类学校的教育信息化体系，促进教育内容、教学手段和教学方法现代化。

随着 21 世纪的到来，科技、信息革命不仅成为人类现代社会发展的口号和象征，而且已成为知识经济和新技术革命的普遍实践活动。可以说，高科技信息科学正成为带动和促进各门学科和各个领域发展的带头学科，在体育领域同样如此。现代高科技、信息技术在越来越多地进入体育领域的同时，也深刻影响着体育教育的发展。比如，物联网，从字面上理解，就是"物物相连的互联网"，是"将无处不在的末端设备和设施，通过各种通信网络实现互联互通、应用大集成以及基于云计算的软件营运等模式，在内网、专网和（或）互联网环境下，采用适当的信息安全保障机制，提供安全可控乃至个性化的实时管理和服务功能，实现对'万物'的'高效、节能、安全、环保'的'管、控、营'一体化"。我国在物联网技术研发方面处于世界前列，与德国、美国、英国等一起成为国际标准制定的主导国，而且是世界上少数能实现产业化的国家之一。以需求为导向的物联网应用研究，逐渐为各个行业领域所重视，如农业、教育、医疗、安保等。总的来看，物联网具有广阔的行业应用需求，交通、安防、物流、零售、电力、金融、环保、医疗等行业都将成为物联网行业应用的重点领域。"感知中国"是我国物联网技术研发与应用的重要战略思想，代表着下一代信息技术发展的重要方向。"感知体育"可认为是利用物联网相关技术对体育资源进行开发利用，从而对体育系统实现有效的智慧管理和监控，最终服务于体育强国战略。目前，体育领域与物联网技术范畴相关的应用研究主要集中在体育人工智能与知识发现、体育装备器材的技术研究等方面。

当前体育器材研发呈现出数字化、个性化、标准化特征。数字化，即数字化调节与控制技术，利用自动化、红外线等技术使体育器材设备实现自动调节、精确控制、简便易行、省时省力。个性化注重以人为本，在设计、研发和制造体育器材时，将人体科学的规律运用到体育器材制造中，使制造的体育器材更加适应人体运动需要，更有利于提高运动成绩和健身效能。标准化是指体育器材生产、产品、性能等共性技术的标准化，建立体育器材共性技术的行业标准和国家标准。"体教融合"交集板块为体质健康测试，在学校有体质健康测试，在社会也有国民体质检查。体质健康测试设备是指用于国家体质健康测试所使用的器材，主要有身高体重测试仪、肺活量测试仪、坐位体前屈测试仪、立定跳远测试仪、引体向上测试仪、仰卧起坐测试仪、跑步测试系统等设备，GB/T19851.12—2005《学生体质健康测试器材》中4.3条款对测试精度、测量范围、分度值等指标进行了明确的规定。但是，目前的研究显示，体质健康测试设备故障率高，测试设备精度不够，设备的智能化水平较低等问题比较突出，与此相反的是学生体质健康测试分析软件已经进入到智能化水平较高的位置。体质健康测试信息化合科技化水平的提高，能够实现测试硬件与软件的融合发展，继而构建学生体质健康智能化测试设备参数行业标准，以规范学生体质健康智能化测试设备的生产，保证设备的质量，为使用单位提供验收标准，最后将学生体质健康智能化测试设备应用于学校和国民体质健康站（所），搭建常态化体质健康测试智能实验室，收集学生体质健康数据，根据数据情况进行设备的进一步调整与完善。

三、深挖课标，遵循标准要求

小学阶段的体育教育主要是儿童的身体教育，让儿童的意识、身体与世界建立开放的联系。有学者认为身体"不是一堆并列放置的器官"，而是一个不可分割的"我"，并由此引出了"身体图式"的概念，"身体图式"能在身体空间、身体时间和外部空间之间形成相互蕴涵的实践系统。即从课程、教师和媒介三大领域进行重构，以游戏精神来认识和理解、体验体育课程。其路径以身体活动的动作学习的学科类课程为主，以正式的竞技运动比赛、课外体育活动和体育文化活动的活动类课程为辅，以在线类课程为补充，结合自发的身体游戏活动，共同构成小学体育课程模块群体系。特色课程应具有独特性、优质性、典型性、整合性和实践性五大特征。以儿童特色拓展类课程群为例，儿童特色拓展类课程群以儿童未来教学过程中"发展需求"为基础。首先是体育启蒙教育构建，即在儿童时期运用游戏、动作学习、感知和情景等教学，引导儿童对各地动作、技术、运动建立最初的认知与兴趣的早期身体教育。由于其对儿童运动兴趣的建立与终身体育锻炼习惯的养成有着重要作用，近年来开始受到广大家长、小学、企业、行业、俱乐部与协会的青睐。体育启蒙教育能有效提高儿童进行身体活动的能力。其次为紧跟小学体育的发展步伐。特色拓展模块特意设置了流行的儿童运动技能，既有轮滑、花样跳绳、滑板、空竹、小轮车、独轮车、中华射艺等发展儿童平衡性与协调力的个人项目，又有飞盘、软式棒垒球、攀爬、攀岩、排舞、户外运动与定向越野等培养儿童意志品质与协作精神的团体型项目；还有益智的棋类、牌类、手指运动、电子竞技、航模、机器人大赛等项目。通过对新兴类儿童体育项目的推广，革新儿童体育知识、技能。最后，拓展儿童身体教育思路与视野，特色拓展模块可以进行"冬季耐寒训练"、"冬季持久走大会"、"魔鬼训练"、三浴锻炼、体智能教学、智能体育等国内外儿童身体教育，为儿童在不同学期体育教育思想支配下的小学体育教育教学工作建立必要的学科课程体系。

一是各课程标准基于义务教育培养目标，将党的教育方针具体细化为本课程应着力培养的学生核心素养，体现正确价值观、必备品格和关键能力的培养要求。

二是优化课程内容结构。基于核心素养要求，遴选重要观念、主题内容和基础知识技能，精选、设计课程内容，优化组织形式。涉及同一内容主题的不同学科，根据各自的性质和育人价值，做好整体规划与分工协调。设立跨学科主题学习活动，加强学科间相互关联，带动课程综合化实施，强化实践要求。

三是研制学业质量标准。依据核心素养发展水平，结合课程内容，整体刻画不同学段学生学业成就的具体表现，形成学业质量标准，引导和帮助教师把握教学深度与广度，为教材编写、教学实施、考试评价等提供依据。

四是增强指导性。各课程标准针对内容要求提出学业要求、教学提示，细化评价与考试命题建议，注重实现教、学、考的一致性，增加了教学、评价案例，不仅明确了"为什么教""教什么""教到什么程度"，而且强化了"怎么教"的具体指导，做到好用、管用。

五是加强学段衔接。注重"幼小衔接"，基于对学生在健康、语言、社会、科学、艺术领域发展水平的评估，合理设计小学一至二年级课程，注重活动化、游戏化、生活化的学习设计。依据学生从小学到初中在认知、情感、社会性等方面的发展变化，把握课程深度、广度的变化，体现学习目标的连续性和进阶性。了解高中阶段学生特点和学科特点，为学生进一步学习做好准备。而小学体育课程教学作为小学教育阶段的重要组成部分，对于学生的身心健康成长以及综合素质发展有着至关重要的意义。要充分认识加强学生身体素质和心理素质教学的重要性，能够遵循"以人为本"的教育理念，以学生为中心，创新多样化的体育特色课程，进而促进学生的身心健康发展。

第三节　"体教融合"背景下新课标实施路径研究

2022年，教育部门对已实施多年的义务教育课程方案和课程标准做出修订。修订强调增强课程思想性，注重对实际问题的有效回应，强化一体化设置。

现行《义务教育课程设置实验方案》和各课程标准，在引导和推动教育教学改革方面发挥了重要作用，但也存在一些与新形势、新要求不相适应的地方。例如，学段纵向有机衔接不够，课程标准缺乏对"学到什么程度"的具体规定，教师把握教学的深度与广度缺少科学依据，课程实施要求不够明确等，因此必须有针对性地解决这些问题。

新修订的《义务教育课程设置实验方案》完善了培养目标，全面落实关于培养担当民族复兴大任时代新人的要求，结合义务教育性质及课程定位，从有理想、有本领、有担当三个方面，明确义务教育阶段时代新人培养的具体要求。该《方案》优化了课程设置，整合小学原品德与生活、品德与社会和初中原思想品德为"道德与法治"，进行九年一体化设计；改革艺术课程设置，一至七年级以音乐、美术为主线，融入舞蹈、戏剧、影视等内容，八至九年级分项选择开设；科学、综合实践活动开设起始年级提前至一年级；落实中央要求，将劳动、信息科技及其所占课时从综合实践活动课程中独立出来。《方案》还细化了实施要求，增加课程标准编制与教材编写基本要求；明确省级教育行政部门和学校课程实施职责、制度规范，以及教学改革方向和评价改革重点，对培训、教科研提出了具体要求；健全实施机制，强化监测与督导要求。

第三章　学校体育"体教融合"推进策略与具体实践路径

体教融合的核心价值在于促进学生运动的全面发展，它不是教育和体育部门的简单叠加，而是从工作理念、目标任务和平台的全方位融合落实对每个环节问题的具体研究和切实解决。为此必须以解决现存问题和矛盾为重点。本章通过对学校体育"体教融合"现状分析，归纳整理出相对应的任务与问题，分层分类从学校层面、教师层面、学生层面等探索学校体育"体教融合"推进策略与研究路径。从而解决青少年体育健康危机、体育教育体系缺失、青少年体育后备人才培养渠道梗阻、体育功能无法在青少年人群中完全释放等现实问题。本章主要着眼重庆市，分别从总体推进、具体实践和未来路径三方面对学校"体教融合"推进策略与具体实践进行分析阐述。

第一节　总体推进：重庆市深化体教融合促进青少年健康发展

《重庆市深化体教融合促进青少年健康发展实施意见》按照"一体化设计、一体化推进"原则，充分发挥党委领导和政府主导作用，整合重庆市教育、体育优质资源，深化体教融合发展，落实目标责任，完善保障机制，加强监督管理，推动制度、政策、机制创新，形成政府主导、部门协作、社会参与的体教融合新格局，为建设体育强市提供有力支撑。

重庆市以青少年"健康第一、全面发展"为根本目标，发挥体育、教育部门各自优势，将重庆市青少年体育工作深度融合到国民教育体系之中，使体教融合工作体制机制更加顺畅，青少年体育公共服务体系更加完善，多元化的青少年竞赛体系和体育后备人才培养体系更加健全，青少年身体素养和健康水平持续提高，帮助青少年在体育锻炼中享受乐趣、增强体质、健全人格、锤炼意志，培养德智体美劳全面发展的社会主义建设者和接班人。

一、加强学校体育工作

面对一系列重点任务与要求，重庆市做好贯彻落实工作。

全市体育系统深入学习贯彻党的十九届六中全会精神，努力建设与直辖市地位相匹配的体育强市。提出十个"扎实"，具体如下：

第一，扎实抓好竞技体育顶层设计，努力实现竞技体育健康发展。

第二，扎实抓好大型体育赛事筹办，努力打造竞技体育攀升平台。

第三，扎实抓好后备人才培养，努力增强竞技体育发展后劲。

第四，扎实抓好体育为民惠民，努力满足群众健身需要。

第五，扎实抓好产业体系建设，努力提升产业发展质量。

第六，扎实抓好重大基础设施建设，努力夯实体育事业发展基础。

第七，扎实抓好大数据中心建设，努力实现智慧体育创新发展。

第八，扎实抓好安全稳定工作，努力实现安全发展。

第九，扎实抓好综合保障工作，努力实现快速发展。

第十，扎实抓好党的建设，努力营造干事创业良好环境。

二、完善青少年体育赛事体系

近几年来"轮滑进校园"活动一直是中国轮滑界发展的重点，在国家下发的《中共中央国务院关于加强青少年体育增强青少年体质的意见》和《全民健身计划（2011—2015）》精神的指导下，2011 年开始，国家体育总局社会体育指导中心、中国大学生体育协会、中国中学生体育协会和中国轮滑协会就已经在全国 31 个省、自治区、直辖市的大学、中学和小学陆续开展了阳光体育"轮滑神州"校园行活动，为在校学生们带去轮滑培训、教学、交流、自由式与花样轮滑表演、速滑与轮滑球比赛、轮滑刷街、轮滑夏令营、轮滑旅游向导、轮滑健身讲座等形式的一系列活动，并指派专业轮滑教练进校园进行表演和辅导，与学校师生进行深入互动和交流，全面促进轮滑运动的普及与发展。历经两个"体育发展五年规划"后，"轮滑进校园"活动已实行了更加成熟的发展模式，全国中学生轮滑锦标赛暨全国小学生轮滑夏令营的成功举办，就是"轮滑进校园"项目进一步发展的成果表现，通过举办国家级大型赛事，将全国各地的项目成果集中汇聚，让全国中小学生进一步感受到全国轮滑的热情和影响力，增强对轮滑运动的兴趣和信念感，从而达到进一步普及轮滑运动的效果。

重庆市教育委员会办公室通过发布年度学生体育竞赛计划，促进赛事在重庆市校园轮滑发展和竞赛平台的打造，2014年至2021年，重庆市大中小学生轮滑比赛由2014年的200多人发展到2021年的1280多名学生，参赛队伍由16所学校发展到260所单位参赛。由于疫情比赛中断，但是轮滑运动在重庆校园中可以丰富学生文化生活，提升学生身心素质，提高交际能力，培养学生积极向上的情操，引导正确的人生价值观，促进各学校轮滑运动的发展及轮滑文化的交流。同时，展示学校轮滑竞技成果，树立学校良好形象，促进学校之间交流与提升。

三、加强体育传统特色学校和高校高水平运动队建设

重庆市部分高校积极与重庆市体育局签约，共建高校高水平运动队。

四、深化体校改革

以重庆滑板为例，重庆市轮滑协会邀请重庆市九龙坡体校勘察重庆滑行城市运动公园滑板场地，确定初步滑板合作意向，达成三方共建协议，对滑板基地进行实地论证，进一步推进滑板领域的体教融合。

五、完善青少年社会体育组织体系

重庆市轮滑协会是中国轮滑协会在重庆市唯一的会员单位，也是重庆市唯一的轮滑运动发展社会团体，每年对会员单位进行公示和表彰，建立诚信档案和黑名单制度，在重庆市体育局、市民政局、市场监管局、市教委共同促进和指导下对轮滑（滑板）运动的发展进行监督，鼓励和支持轮滑（滑板）俱乐部进学校，为学校体育活动提供指导，普及体育运动技能。

六、大力培养体育教师和教练员队伍

重庆市体育局对体育教师和教练员队伍的培育力度不断提升，如为其提供运动员教师资格证培训等。

七、加强组织实施

2021年，重庆市召开体育系统先进集体和先进个人表彰大会，通过表彰激励，

促进组织不断向好，立足已有成绩，取得新的突破。

2022年5月12日，《重庆市全民健身实施计划（2021—2025年）》（以下简称《实施计划》）解读新闻发布会在重庆市新闻发布中心举行。重庆市体育局相关领导介绍，推进全民健身融合发展包括加强与教育、卫生、旅游合作，努力推动体教、体卫、体旅融合发展。其中，在体教融合方面，主要是推进学校体育教学改革，落实义务教育阶段"双减"政策，保障学生每天校内、校外各1小时的体育活动时间，强化运动技能培训，支持体育俱乐部和体育社会组织等社会力量参与指导青少年体育活动，推动建立"学校主导、社会参与、家庭协作"的青少年体育联动发展模式。重庆市体育局办公室、青少处、竞技处、重庆市运动技术学院、重庆市体育运动学校、重庆市冬季管理中心和重庆市足球管理中心通过不同措施推进体教融合。

（一）办公室

举全力推进体教融合发展，清晰认识区县是体教融合发展的关键突破点，推进"教学、训练、竞赛"一体化试点建设，加强竞技体育项目在青少年群体中的普及，制定专业化运动员发展规划，转变家庭认识观念。以结果为导向，加强区县人才培养和输送的奖惩力度，抓住国际国内重大赛事契机，把竞技体育发展放进全运会备战和奥运会争光的协同环境，融入中国竞技体育可持续发展的大环境，以社会对竞技体育的需求为根本出发点，集中资源发展优势和特色项目、运动员，以全运会和奥运会成绩带动全市竞技体育热潮。持续大力推进全民健身事业，发展群众体育，办好群众体育赛事活动，打好群众体育为竞技体育服务的基础，努力营造加快重庆竞技体育发展的社会人文环境。

（二）青少处

抓住体教融合契机，壮大后备人才队伍，由重庆市体育局青少处牵头协调市教委相关职能处室，根据各区县中小学实际情况，带领训练单位走进部分区县中小学校，指导开展田径、篮球、羽毛球、乒乓球、足球、跆拳道、游泳、武术、举重、体操、国际象棋、围棋、轮滑（滑板）等项目训练。可以每年申请财政专项补贴资金，对于体教融合发展较好、体育后备人才输送较多的中小学的体育训练器材、教练员培训经费予以扶持。借鉴强省市的做法，制定与全国水平相适应的年度比赛成绩奖励政策，增加奖励力度，及时发放奖金，以提高训练团队的训练积极性和竞争意识，更好地激发训练热情。同时，制定优秀运动员引进和输送国家队，对教练员和运动员的个别性奖励激励机制。

进一步整合培养资源，积极适应竞技体育改革发展需求，注重整合全市青训资源，把体校作为主要支撑阵地、把学校作为主要基础阵地、把青少年体育俱乐部作为主要补充阵地，建立健全多元参与、有机衔接的后备人才培养体系。在积极扩大工作覆盖面的同时，注意用活"体教融合"政策，用好各种工作推手，创新工作实践，发展特色做法，有效激发体校、学校、青少年体育俱乐部"三大阵地"的活力，不断扩大青少年体育人口，推动后备人才培养。

系统科学的工作体系是后备人才培养的可靠保障，着眼提高输送率、成材率，针对后备人才训练、竞赛、督导评估进行统筹设计，建强体系。训练体系建设突出抓重点、夯基础，以巩固区县体校、市级单项训练基地做优塔身，以发展学校、青少年体育俱乐部做厚塔基，以打造优秀苗子训练营做强摇篮，培养和扩充教练员、管理人员队伍。依托体育大数据中心、"渝快运动"平台，汇总青少年训练基础信息，建立后备人才信息台账。竞赛体系建设突出优机制、调结构，健全市、区县、学校各层级赛事活动和人才选拔制度，推动体教部门赛事融合，丰富赛事内容，提升竞赛水平。

（三）竞技处

推动成立体教融合领导小组，加强对体教融合工作的组织领导，对备战和选材信息情报、训练督导、科技助力、保障要素等方面的全实时动态跟踪，动态认识、综合评估重庆市各项目发展潜力和价值，科学划分夺金、夺牌重点项目、一般项目和潜优势项目，不断优化项目结构，拓展项目广度，加深项目厚度，形成重点清晰、功能互补、效益显著的项目布局。

坚持问题导向和目标导向，深入训练一线开展督导和管理质量评估工作，及时发现备战问题，提出整改意见。争取增加备战经费并合理分配投入，制定科学的绩效指标，提高经费使用效益。落实市竞训中心与各入驻单位之间的联席会议制度，切实提高服务保障水平。完善以运动员为中心、教练员为首要，体能、科研、医疗、营养、心理、管理等人员组成的复合型团队，在体教融合的基础上，进一步推进"训科医管"一体化。

（四）重庆市体育运动学校

切实落实国家关于加强运动员文化教育工作有关精神。重庆市体育运动学校与沙坪坝区教委合作，引进一所初中学校（九年一贯制最好）在学校挂牌，实行两块牌子一套班子模式，严格按照义务教育的相关规定完成义务教育并进行体育专项训练，共同管理，学校每天按义务教育学校规定排课，下午四点开始训练，确保学生的文化学习和训练正常进行，其他区县输送来的学生一律按双计分进行管理。加强拓展专业建设，重视升学和职业技能培训。利用国家普职招生比例的政策调整，充分用好所有入驻单位的教练员、训练条件优势，招收文化成绩和运动成绩均优异的初中毕业生，加强与市内其他高校的合作，加强体育单招升学力量，办出特色，办出影响。结合经济社会体育市场、体育产业和体育培训等需要开展相应的专业，加强与社会企业合作，努力加强职业技能和就业培训。同时开设除运动训练之外的专业，解决绝大部分不能进入优秀运动队和升入高校的学生的出路，为经济社会的发展提供更多的优质的中等职业教育体育技能人才，这样不仅对本校发展有利，也有利于体育职业学院的招生和发展。同时，将学校打造成青少年训练中心，每天下午四点和周末及假期面向全市开放，青少年可到学校参加有偿的训练培训和体育指导，也可主动进入学校参与学校的课后延时服务。将学校打造成全市青少年体育人才选材中心，依托体科所或者第三方机构建立我市青少年体育苗子人才数据库，同时由学校牵头，依托全国体育运动学校联合会，建立以运动学校为龙头的市级体校联合会，涵盖区县体校、俱乐部、相关企业、特色学校等，承担相应培训、比赛，制定相应标准，布局项目等。

（五）重庆市冬季管理中心

加强体教融合，根据重庆市冬季项目发展实际，以及在第24届北京冬奥会上各冬季项目国家队人才选拔培养的成功经验，开展"跨界、跨项、跨季"选材工作（如"轮转冰"等选材模式），是推动基础薄弱地区冬季项目快速起步发展的重要方法。2018年，重庆市积极响应国家体育总局的"跨界、跨项、跨季"选拔，加强与各区县文旅委（体育局）和教育管理部门的联系，并向国家集训队输送大量有冬季项目运动潜力的优秀运动员。持续推进冬季项目运动员选拔工作，并根据各项目发展情况，推进我市冬季项目赛事体系建立，确保我市冬季项目后备人才选拔和培养有基础、有渠道、有平台，增加后备人才储备，增强队伍建设可行性。

在基础设施不够完善的条件下，在不受季节和场地条件限制的情况下，大力发展冬季运动项目的陆地推广版，加强"体教融合"，吸引全市各区县积极参与。可以重点发展以下两种项目：

第一，轮滑项目。轮滑项目作为国家冰雪运动"南展、西拓、东扩"战略布局的重要一环，已逐渐踏入国内主流赛事，并将进一步成为国际大型赛事的比赛项目，并且拥有相应的运动员技术评定标准。

第二，滑轮项目。根据重庆市引进优秀运动员情况和今后将要重点开展的冬季项目（越野滑雪），在全市范围内重点普及推广滑轮项目。滑轮不仅是越野滑雪重要的夏训方式，也是全国冬运会的正式比赛项目。

积极携手重庆市教育委员会搭建市级冬季项目赛事平台，如市级锦标赛、市运会等赛事平台。若有市级赛事平台和体系，如速度轮滑、轮滑冰球等易于推广和开展训练的项目，将吸引更多区县、更多青少年参加，扩大后备人才选拔。

如图 3-1-1 所示，为重庆市冰雪运动四季拓展活动启动仪式。

图 3-1-1　重庆市冰雪运动四季拓展活动启动仪式

（六）重庆市足球管理中心

为了进行体教融合背景下"市队区办"足球队共建，重庆市足球管理中心按照市体育局工作要求，积极谋划解决队伍后续发展出路，解决其后顾之忧。在全运队伍备战期间，中心与重庆八中、重庆辅仁中学等市内重点中学或足球传统学校合作，利用其招生优势，最大限度集中优秀足球人才。期间，队伍所在学校为全运会队伍单独开设足球班，集中优质教育资源为队员教学、补课，确保文化学习不落下。高考前，聘请专业培训教师为队伍开展考前集中学习培训，助运动员取得优异成绩。同时，为确保全运队伍运动员能在全运比赛结束后继续接受文化教育，中心与重庆师范大学、重庆文理学院等高等院校建立战略合作，高校依据高水平运动队、体育代表队学籍成绩管理办法和优秀本科毕业生免试攻读硕士研究生相关规定，安排好优秀足球运动员的学业规划，确保运动员通过学习获得高等教育学位和文凭，为后续个人发展规划奠定坚实基础。

第二节 具体实践：重庆市各区县落实体教融合促进青少年健康发展

截至 2019 年 9 月，重庆市辖区面积 8.24 万平方公里，26 个区的名称是：万州区、黔江区、涪陵区、渝中区、大渡口区、江北区、沙坪坝区、九龙坡区、南岸区、北碚区、渝北区、巴南区、长寿区、江津区、合川区、永川区、南川区、綦江区、大足区、璧山区、铜梁区、潼南区、荣昌区、开州区、梁平区、武隆区。12 个县（自治县）的名称是：城口县、丰都县、垫江县、忠县、云阳县、奉节县、巫山县、巫溪县、石柱土家族自治县、秀山土家族苗族自治县、酉阳土家族苗族自治县、彭水苗族土家族自治县。重庆市各区县体教融合促进青少年健康发展路径具体如下。

一、大足区

大足区教委、区体育局联合举办大足区运动会，促进学校体育场地免费开放，持续通过完善硬件设施、引进优秀人才、提高教员队伍素质等措施，以深化体教融合为抓手，提升青少年的竞技体育水平。如图 3-2-1 至图 3-2-3 所示，为大足海科启梦轮滑运动的开展与深化。

图 3-2-1 大足海科启梦轮滑

图 3-2-2　重庆市轮滑协会赴大足调研体教融合

图 3-2-3　中国轮滑协会、重庆市轮滑协会就大足滑板场地论证会

二、高新区

（一）加强学校体育工作

义务教育阶段体育课每周不少于 4 课时，高中教育阶段体育课每周不少于 3 课时，鼓励基础教育阶段学校每天开设 1 节体育课。建立体育家庭作业制度，保障学生每天校内、校外各 1 个小时体育活动时间。全区每年至少开展 10 场体育冬夏令营、每校一场"体育冠军进校园"活动，帮助学生熟练掌握 1～2 项受益终身的运动技能，支持中小学校建设学校代表队，成立青少年体育俱乐部。

（二）完善青少年体育赛事体系

整合青少年体育赛事，每年体育、教育部门联合举办一届不少于 5 个项目的区级中小学生运动会暨单项锦标赛，至少举办一次成渝地区双城经济圈青少年体育竞赛活动或教练员培训，通过比赛选拔优秀后备人才进入区队或输送到市队进行培养，并建立统一的运动员注册认证和裁判员信息系统。对代表高新区参加市级及以上体育比赛获得优异成绩的运动员、教练员及其保障团队按照《重庆高新区参加重要比赛奖励标准》予以奖励。

（三）加强体育传统特色学校和竞技体育后备人才"基地学校"建设

每两年动态评估创建一批区级体育传统特色学校，实现每一个市运会项目一所区级体育传统特色学校，支持中学阶段优秀体育传统特色学校建立高水平运动队。每四年评选创建一批竞技体育后备人才"基地学校"，按照《重庆高新区竞技体育后备人才训练基地管理办法（试行）》给予经费支持，鼓励中学与高校在训练、竞赛、升学等方面开展合作。

（四）完善高新区"体教融合"体系

设置学校体育教练员岗位，用于基地学校和特色学校引进优秀教练员，优先考虑优秀退役运动员、教练员进校园担任专兼职体育教师或教练员。实行区级体育项目教练组负责制，试行每个项目教练组配备1名主教练和至少2名助理教练的模式，充分保证教练组开展训练和组织参赛所需的必要工作经费。组建区专业队，对承担区队训练的教练组或单位提供训练保障。引进优秀区外竞技体育后备人才进入区专业队，并解决其户籍、学籍和运动籍等问题。以高中学校为龙头，引领带动初中、小学、幼儿园垂直布局特色项目，合理推进、统筹布局"一条龙"人才培养、输送体系。

（五）规范社会体育组织

通过政策扶持、购买服务等方式，发挥体育协会、俱乐部在学校体育、竞技体育、体育人才培养工作中的作用。制定社会体育组织进入校园的准入标准，建立诚信档案和黑名单制度。

（六）强化政策保障

加强体育场地设施的建设和利用，推动公共体育设施向青少年免费或低收费开放。建立校际体育设施共享机制，推动社会体育场馆和学校合作开设体育课程。拓宽经费渠道，加大全面发展竞技体育、学校体育以及扶持国家等级运动员输送工作等青少年工作经费投入。制定学校体育教师和教练员考核办法，完善对项目布点学校的考评办法，完善运动员输送奖励政策。

（七）加强组织实施

成立高新区体教融合工作领导小组，建立联席会议制度。采取年度报告和专项督导评估相结合的形式，切实加强对学校的督导评估，督导结果向社会公开。完善体育教师和教练岗位考核评价，加强风险管理，加强宣传引导。

如图3-2-4所示，重庆市首届轮滑耐力赛在高新区举办。

图3-2-4 重庆市首届轮滑耐力赛在高新区举办

三、涪陵区

涪陵区多措并举深化"体教融合"。

（一）强化工作保障，夯实"体教融合"基础

强化硬件改善，综合利用公共体育设施，建立完善公共体育场馆向青少年免费和低收费开放机制。强化队伍建设，定期选派优秀体育教师到成员学校交流体育教学经验，量身定制体育特色项目。强化学校体育管理。全区中小学每周不少于3节体育课、开展每天"阳光一小时"体育锻炼、组织大课间体育活动，让每名学生掌握1～2项运动技能。依托课后服务，组建体育社团，聘请专业教练进校园，对足球、篮球等体育特长生进行训练。大力推进"一校一品""一校多品"体育模式，成功创建国家级、市级体育特色学校。

（二）实施分层管理，提升"体教融合"实效

成立以球类、田径为主的各类体育社团和竞技水平相对较高的学校运动队，

实现中小学生参与课后辅导体育项目全覆盖。大力实施"体育家庭作业"计划，与学生家长共同制定学生校外体育活动项目，合理安排学生行课期间校外体育活动时间，督促学生按时完成。探索建立学生日常参与、体质监测和运动技能测试相结合的考评机制，将达到国家学生体质健康标准要求作为体育教师教育教学考核的重要内容和学生综合素质评价的重要指标。完善初中学业水平和高中招生体育考试工作方案，稳步改进中考体育测试内容、方式和计分办法，科学确定并逐步提高体育分值，把学校体制管理措施等纳入教育督导评估。

（三）健全体育竞赛体系，开展体育赛事，激发体教融合活力

发挥大赛引领作用，提高联合办赛水平，坚持体育、教育部门联合办赛，市级、区级联合办赛，引入社会力量联合办赛，打造三级青少年体育联赛机制，提高赛事标准、经费保障、裁判教练等方面统筹安排。

四、南岸区

第一，共同开展规划编制工作。编制了《重庆市南岸区（重庆经开区）关于深化体教融合促进青少年健康发展的实施意见》《南岸区青少年体育重点项目管理办法》《南岸区教练员（体育教师）考核管理办法》等，并不断推进和落实。

第二，共同对青少年体育项目重新布局。结合南岸区实际情况，将田径、游泳、足球、篮球、排球等项目重新布局，并整合区域教育优势资源，积极打造特色体育项目，建立青少年体育竞赛体系，夯实青少年体育基础。

第三，共同举办区级青少年系列赛事活动，丰富青少年赛事活动。

第四，共同建立考核和管理模式。健全相关规章制度，对教练员（体育教师）、运动员加强日常监管，保障文化教育、训练竞赛的相互促进、协调发展，助推全区竞技体育高质量发展。

韦燕在《"五育并举"聚焦南岸教育高质量发展专题系列报道——体育：多元发展，探索"体教融合"新模式》一文中提到，近年来，南岸区坚决贯彻落实党的教育方针，以培养德智体美劳全面发展的社会主义建设者和接班人为抓手，加快构建"五育并举"人才培养体系，推动立德树人根本任务落地、落细、落实。

南岸区为深入学习贯彻党中央关于教育的重要论述，落实立德树人新任务和新要求，解决新时代德育工作面临的新问题，进一步发挥课程育人、文化育人、活动育人、实践育人、管理育人、协同育人作用，南岸区聚焦核心素养，抓重点、

育特色，构建起"书香南岸，幸福教育"的发展体系。全区学校以特色项目为载体，重点打造深化武术、足球、游泳等体育特色品牌，已建成体育特色学校国家级 49 所、市级 24 所、区级 27 所，在重庆市第六届运动会获 32 金、43 银、49 铜的优异成绩，打破重庆市青少年田径纪录 1 项；在中华人民共和国第十四届学生运动会武术比赛中，南岸区十一中斩获 3 个项目冠军。国家学生体质健康标准测试数据上报率 100%，合格率达 98.67% 以上，优良率达 30% 以上，优秀率达 20% 以上。

为何该区能在体育方面，喷发出如此强劲的竞争力？一方面，南岸持续加强体育、美育工作，开齐、开足体育、艺术课程，积极挖掘体艺课程资源；另一方面，赛训活动常态化。创建学校、片区、全区"三维一体""赛训"机制，以赛促训，赛训融合。在十三五期间，每年举办区级各类赛训 13 项（次），参赛学生每年近 10 000 人次。组织开展了北京冬奥会和冬残奥会吉祥物故事征集，有 13 所学校 17 608 名学生参与，112 篇作品推荐到市教委参加评选。

南岸与足球的缘分更有百年之久，作为我国西南地区第一块足球场的诞生之地，南岸一直以来都是足球运动的热土。2019 年 5 月 25 日，同济大学、重庆市南岸区人民政府、德国门兴格拉德巴赫足球俱乐部签订《关于推进重庆市校园足球发展合作备忘录》，开启了以中德校园足球联盟南岸示范基地建设为统领、加快推进南岸区校园足球普及和提高的新征程。南岸区现有国家级校园足球特色学校 22 所、市级 15 所、区级 10 所。中德校园足球联盟南岸示范基地学校 29 所、精英梯队学校 2 所。南岸区坚持"以优质体育换优质健康"的工作思路，以"书香南岸、幸福教育"为指导，积极推进校园足球工作，不断推动南岸区青少年足球事业全面、稳定、健康、持续发展，区域悠久的足球文化底蕴让校园足球之花在南岸这片热土璀璨绽放。校园足球成为建设幸福教育征程中一道亮丽的风景线。

南岸把校园足球工作放在全面实施素质教育、深化立德树人的大背景下谋划推动。坚持整合资源、创建平台、加大投入、建好队伍，校园足球工作呈现出良好的发展态势：全区直接参加各级足球比赛的中小学生由原来的 700 余人，增加到现在近 3 万人；校园足球代表队由过去的 21 所中小学校增加到现在的 52 所，占全区中小学校的 72.2%，形成了校校有球队、班班有赛事、年年有进步的新局面。南岸区校园足球成果如雨后春笋，一年一个新气象（图 3-2-5、图 3-2-6）。

图 3-2-5 南岸区校园足球（一）

图 3-2-6 南岸区校园足球（二）

五、九龙坡区

九龙坡区打造体教融合示范区，推进体育强区建设。一是整合体教赛事，完善青少年体育赛事体系；二是健全优秀退役运动员进校园担任体育教师和教练员制度；三是社会机构进行校园项目试点，完善社会体育俱乐部进入校园的准入标准。

重庆日报以《九龙坡：打造体教融合示范区，推进体育强区建设》为题进行报道，文中提到九龙坡的体育工作成绩目标为将九龙坡区打造成重庆市体教融合的先行样板。九龙坡区已共建 1 个国家级训练基地、1 个市级训练基地、62 个区级青少年体育训练基地，布局 18 个体育运动项目，开展一校一品、一校多品、社会俱乐部参与等项目创建共建，形成百花齐放的特色发展格局。

以该区优势项目攀岩和国际象棋为例，目前，该区有攀岩项目基地学校 10 所，其中"全国攀岩特色学校"4 所，每年参加的学生达 1000 余人；建成全国首个攀岩主题示范公园，承办的世界杯攀岩赛被国际攀联授予"推广攀岩运动特别贡献奖"、被中国登山协会授予"攀岩进校园推广示范区"；国际象棋项目学校达 20 余所，其中"全国国际象棋特色学校"8 所，每年参加的学生达 5000 余人。作为第三个"全国国际象棋之乡"，承办的世界国际象棋女子锦标赛冠军对抗赛、全国国际象棋元老精英赛等国际国内赛事有力地推动该区国际象棋事业的深入发展（图 3-2-7）。

图 3-2-7　杨石路小学校孩子们乐在"棋"中

除此之外，该区还不断完善全国、市、区、校四级竞赛体系，承办全国青少年攀岩项目等全国、市级精品赛事，带动全区空手道、排球、足球、乒乓球等单项体育项目高水平发展。每年组织参加全国、市级单项青少年竞赛、冬夏令营 60余项，开展全区性体育竞赛活动 20 余项；广泛开展学校体育比赛，各校年均举办一次综合性运动会或体育节。

2022 年 4 月 1 日，九龙坡区体育局与重庆市轮滑协会同赴九龙坡渝西中学举行三方共建滑板基地签约仪式，这标志着重庆市青少年滑板训练基地正式落户九龙坡区渝西中学，更是一个"体教融合"成果。本着政府主导、学校参与、协会推动执行的原则，三方将协调各自资源，共同努力，推动青少年滑板运动的普及与竞技水平的提高，培养高水平的运动员，为国家集训队（重庆）输送优秀后备队员，让重庆滑板运动更上一层楼，打造重庆竞技体育的新亮点。滑板项目已经成为奥运会、亚运会、全运会的正式比赛项目。滑板训练基地的建成将助力更多有梦想、有潜力的优秀人才走上更高、更大的舞台（图 3-2-8）。该区坚持以体育人的有益探索与实践，滑板运动是一项有潜力走向全国、走向世界的项目，打造滑板基地符合市、区竞技体育的发展需要，要抢抓机遇，打造特色。2021 年，渝西中学攀岩队参加重庆市六运会获得 4 枚金牌、3 枚银牌、1 枚铜牌，棒球队在重庆市锦标赛中获得男子团体第五名。2022 年，渝西中学橄榄球队参加重庆市冠军赛获得乙组第一名。良好的基础和潜在的发展优势，使渝西中学成为重庆市青少年滑板训练基地落户的不二选择。

图 3-2-8　体教融合重庆市青少年滑板基地雏形

九龙坡区体育工作将围绕国务院《体育强国建设纲要》和《重庆市全民健身条例》，对标重庆市体育"1+5+1"行动计划，紧扣全市"十四五"体育发展规划目标和要求，围绕"三高、三宜、三率先"发展愿景，加快推进成渝地区体育事业协同融合发展，努力创建体教融合示范区，有力推进体育强区建设。

六、万州区

万州区加强"体教融合"力度，共同实现体育教育与体育产业的同步共振、联动发展，引进国内智慧体育教育先进经验，用"小围栏"熔铸大梦想，共同培养德、智、体、美全面发展的青少年学生，携手促进万州体育教育和体育产业高质量发展。各部门、各学校要按照资源共享、责任共担、义务共尽、成果共用的指导思想，充分利用体教两家的资源优势，调整完善工作程序和要求，发挥体育竞技的育人功能，以开展青少年学生课外体育活动和课余训练为基础，逐步形成基层中、小学各级体育代表队、体育传统项目学校、体育特色学校、体育运动学校和试办高水平运动队高校的多层次、多渠道的训练网络，为促进学生身心健康发展，培养更多优秀体育后备人才做出新的贡献。

2021 年 5 月 10 日，川渝·万达开教体融合智慧体育发展研讨会暨万州区智慧体育教育项目启动仪式在万州举行。

近年来，万州区大力推进教育强区、人才强区战略，坚持以办好人民满意教育为目标，坚持以立德树人为根本任务，以促进青少年健康成长为出发点，坚持"五育并举""三全育人"，不断促进青少年身心健康发展，不断推动体教融合工作攀升新高度。加大学校体育经费投入力度，推动全区学校体育设施和器材逐步达到国家标准，全区 121 所公办中小学和 115 所学校已完成塑胶运动场建设，占比 95%。加强体育特色学校建设，按照"一校一品、一校多品"的特色学校建设思路，累计打造体育特色学校 62 所，其中国家级篮球特色学校 8 所、国家级足球特色学校 20 所、国家级网球特色试点学校 4 所、重庆市级体育特色学校 9 所、区级体育特色学校 21 所。40 所学校开展民间传统体育项目，2020 年完成万州二中足球特长生招生计划。

如图 3-2-9 所示，万州福建小学学生正在展示围栏足球。

图 3-2-9　万州福建小学学生展示围栏足球

以轮滑为例，万州区龙都小学为贯彻中共中央、国务院《关于全面加强和改进新时代学校体育工作的意见》，落实教育部、国家体育总局等四部委《关于加快推进全国青少年冰雪运动进校园的指导意见》、体育总局、教育部《关于印发深化体教融合促进青少年健康发展的意见》（体发〔2020〕1 号）及市政府办公厅《关于建设体育强市的实施意见》（渝府办发〔2021〕21 号）精神和重庆市体育局、重庆市教育委员会关于印发《重庆市深化体教融合促进青少年健康发展实施意见》的通知（渝体〔2021〕254 号），深化体育课程改革，打造一校一品的体育特色，与重庆市轮滑协会深度合作，携手推进"体教融合"，开展教学和教研活动，加强教学常规管理，贯彻落实减负措施，培养学生综合素质，切实开展特色课"轮滑运动"，在"绿地杯"2020 全国轮滑大联动青少年体育俱乐部联赛暨"滑启 100"中国轮滑巡回赛中，荣获"团体一等奖"。

如图 3-2-10 所示，为龙都小学轮滑特色运动现场观摩。

图 3-2-10　龙都小学轮滑特色运动现场观摩

七、渝中区

渝中区推进"体教融合"，推广"传校＋名校"模式，建立特色体育学校，实施校长责任制，解决"体尖生"升学就读难题；借助学校体育场馆优势，优先为青少年运动员安排好训练场地、食宿条件、文化学习、医疗保障，协调落实参训参赛时间，保障教练员训练待遇。

渝中区教育系统把"推进体教融合，促进学生健康"作为"我为群众办实事"实践活动的一个着力点，明确学生每天校园体育活动时间不少于 1 小时，围绕"教会、勤练、常赛"的原则，打出创新体育健康模式、革新考核评价指标、强化体育师资建设、开齐开足上好体育与健康课、打造体育特色学校的"组合拳"，既着力办好了民生实事，提高了为民服务水平，更是让"文明其精神，野蛮其体魄"得以实现。

渝中区教育系统将构建相关学科教学和教育活动相结合、课堂教育与课外实践相结合、经常性宣传教育与集中式宣传教育相结合的健康教育模式，改善学生的身体形态和机能，把实事办到百姓心坎上。

以轮滑为例，中国轮滑协会主办，渝中区体育局、重庆市轮滑协会共同承办的 2020 年全国轮滑青少年体育俱乐部联赛（重庆·渝中站）11 月 14 日在重庆市体育馆正式拉开帷幕，来自四川、重庆多个区县约 500 名轮滑爱好者齐聚一堂，同场竞技（图 3-2-11）。

图 3-2-11　2020 年全国轮滑青少年体育俱乐部轮滑联赛（重庆渝中站）

八、大渡口区

大渡口区"五提升"助力体育改革发展。

（一）提升竞技体育发展水平

坚持并进一步提升"体教融合"效果，加强对现有 16 个教学点的设施完善、教练配备、学员管理工作，完善训练条件。及时调整和强化项目布局，巩固传统优势项目、挖掘发展较快、金牌数较多的大项，新建冰雪项目，积极备战市七运会。

（二）提升专业运动队伍建设水平

进一步完善《一线运动员管理制度》，加强向上争取政策、对外招引人才，提升队伍规格。强化拳击、高尔夫、羽毛球等优势项目，积极与市体育局共建十五运会女子拳击队和高尔夫队，力争进入全国前八。完善人才引进配套政策，深化与体育名人的合作力度，发挥"名人效应"，助推专业队伍及全民健身水平的整体提升。

（三）是提升体育设施服务水平

全力推进重庆国际小球赛事中心建设，加快建成全民健身中心，做好健身步道、城市体育公园等建设项目。力争实现人均体育场地面积超过 2.1 平方米，15分钟健身圈基本建成。

（四）提升群众体育服务水平

充分利用"全民健身日"、传统节假日等，开展有针对性的全民健身活动。全力做好"李雪芮杯"羽毛球公开赛、智跑重庆国际城市定向赛等一批品牌赛事。开展科学健身，国民体质监测，社会体育指导员培训。力争在 2022 年举办各类赛事 15 个，群众参与达 10000 人次。

（五）提升体育产业发展水平

大力推动体育产业高质量发展，依托重庆（国际）小球赛事中心，以体育赛事、体育培训、体育产品为重点，完善"体育＋大健康""体育＋大数据""体育＋文旅"等产业生态。力争于 2022 年新增规模以上体育企业 1～2 个，产业营收增长 10% 以上。

在轮滑推进中，2020 年 12 月 12 日至 13 日，由重庆市体育局主办、大渡口区体育局承办的全市首个青少年越野滑雪（滑轮）训练营在大渡口举行。

滑轮是越野滑雪的陆地训练方法，是目前国际上通行的越野滑雪夏季训练手段，也是轮滑项目之一，可以在广场、操场、各类体育场馆开展。滑轮入门容易，安全性高，在非雪季节通过滑轮配上手杖进行练习，技术动作与滑雪的感觉近乎一致，对在青少年中普及越野滑雪项目具有独特的优势。

2020 年，重庆市青少年越野滑雪（滑轮）训练营在大渡口区百花小学举行，分别来自大渡口区、巴南区、沙坪坝区等地的学校，是体教融合的体现和成果。此次活动是一次增强体质、陶冶情操、繁荣青少年体育文化生活的重要活动，更是培养青少年越野滑雪（滑轮）爱好者和运动健将的有力保证，为推动重庆市冰雪运动发展，贯彻落实《体育强国建设纲要》《关于以 2022 年北京冬奥会为契机大力发展冰雪运动的意见》《关于加快推进全国青少年冰雪运动进校园的指导意见》精神和重庆市体育局、重庆市教育委员会关于印发《重庆市深化体教融合促进青少年健康发展实施意见》。开营现场由重庆市大渡口区百花小学校长王江城致辞，重庆市大渡口区体局副局长李响讲话，运动员和教练员代表分别发言。重庆市体育局青少处处长黎斌宣布 2020 年重庆市青少年越野滑雪（滑轮）冬季训练营开营。开营后与会领导及嘉宾观看了冰雪运动操。学员跟随"心往北京 滑向2022"全国越野滑雪（滑轮）推广系列活动教练组通过滑轮五步教学法轻松愉快开展训练响应全民健身的号召中，一起支持、关心并参加越野滑雪（滑轮）运动，用强健的体魄、坚强的意识、进取的精神和不懈的努力，展示出运动员顽强的精神风貌、坚强的意志品质和无限的活力与风采（图 3-2-12）。

图 3-2-12　2020 年重庆市青少年滑轮训练营训练照

九、沙坪坝区

沙坪坝区坚持以思想共融为前提，以体制共建为基础。在推行体教融合之初，沙坪坝围绕顶层结构设计和思想融合做足了功夫。

一方面，沙坪坝区委区政府高度重视，成立了沙坪坝区体教融合工作领导小组，制定联席会议制度，由区政府办、区教委、区体育局牵头，区委宣传部、区发改委、区民政局、区财政局、区人社局、区住建委、区公安分局、团区委等部门参加，不定期召开工作协调会，研究体教融合重点、难点问题，推动各项工作有序开展。

另一方面，沙坪坝区坚持体制共建为基础，推进体教融合工作。沙坪坝区政府出台了《沙坪坝区人民政府办公室关于关于进一步加强体教结合加快体育后备人才培养的意见》，并先后印发并完善了《沙坪坝区竞技体育奖励办法》《沙坪坝区竞技体育后备人才输送奖、输送跟踪奖、输送成果奖实施办法》《沙坪坝区体育后备人才训练基地配套经费补助办法》《沙坪坝区体育后备人才训练基地认定及评估办法》等配套文件。

深度融合、做大基数，强化后备人才储备。艺术体操是一项早熟项目，为此，沙坪坝区利用体教融合优势及"双减"政策的落实，已在全区 8 所小学及幼儿园开展艺术体操教育和普及训练。其中，树人小学和沙坪坝小学已将艺术操作为一年级和二年级的校本课程，实现全员参与。各学校推优的寒假选苗班人数也达到历年之最，为一线队伍提供了丰富人才储备，为项目长期健康稳定发展打下了坚实基础。

十、黔江区

黔江区积极实施体教融合，促进"体育＋"综合功能不断健全。黔江区积极与区教委沟通对接，切实推动体育项目进校园试点工作，解决体育后备人才选材难、升学难等问题，提升青少年体育人才综合素质，拓宽选材渠道，真正实现体育与教育融合发展。注重体育赛事、体育户外营地建设与文化旅游业融合，推动黔江文化旅游融合示范区建设。切实将体育培训与健康相融合，努力实现体育的多元价值。抓体育产业发展促经济不断增长。重点围绕体育健身休闲、体育培训、户外拓展及体育场馆服务和广告媒体服务等项目，加大政策扶持力度，促进体育产业高质量发展，切实为经济发展赋能。

十一、两江新区

两江新区实施"三创三让"深化体教融合改革。

（一）创新体育教学方式，让体育课更有实效

两江新区教育局调研形成《两江新区中小学体育学科课堂教学现状及对策调研报告》，明确提出体育课堂规范化要求，禁止简化运动项目、降低运动强度难度等弱化体育课堂现象，先后推出体育课堂"创意教学""有效课堂""品质课堂""卓越课堂"建设计划。

（二）创新师资引进途径，让体育教师更专业

近年来，两江新区教育局面向全国大力引进体育教育优秀人才，先后引进了正高级教师、特级教师及全国体育优质课赛课一等奖获得者等近20位体育教育优秀人才，并通过建立体育名师工作坊、体育骨干教师培养计划等方式全面带动体育教师队伍建设。

同时，通过深入推进体教融合，推动一大批高水平体育教练员和退役运动员进入校园带教带训，让普通学生也能接受专业的体育训练。

（三）创新学校体育项目，让校园体育更出彩

在学校体育项目创新上，两江新区教育局牵头制订两江新区阳光体育运动工作方案，开展新区中小学大课间展评活动，促进"大课间"活动更有效更丰富，让"大课间"有效促进学生体育锻炼的"每一天"。同时，进一步有效开展体育、艺术"2+2"项目，确保学生每天校内外各1小时的锻炼时间，把春、秋季运动

会作为学校教育重要课程内容认真开展，有效地推动了新区学校体育改革工作。结合"双减"和"五项管理"，教育局积极创建两江新区体育资源平台，推出了"体育课后服务精品课程""体育五点半课程"，开发了一批深受学生喜欢，具有集体性、趣味性、便于普及的校园体育项目，实现了人人有项目、班班有活动、校校有特色的学校体育工作新格局。

十二、江北区

（一）发挥示范引领

区青少年体育俱乐部发挥"全国群众体育先进单位"带头作用，利用寒暑假积极开展各类体育活动，累计承办市、区级各项比赛 100 余次，惠及辖区青少年 23 万余人次。其中，"奔跑吧少年"进社区夏令营参训青少年达 2.5 万余人次，涉及篮球、足球等 6 个活动项目，覆盖石马河街道等 8 个社区活动点。

（二）优化竞赛办法

乒乓球比赛方式由赛会制变为积分制，比赛地点由 1 个赛场拓展至 3 个赛场，大大减轻参赛队伍交通食宿压力，参赛队伍达 80 支，较去年均增长近 100%。

（三）加强队伍建设

区青少年体育俱乐部吸纳 6 名退役职业运动员参与全民健身指导工作，主要从事篮球、足球、羽毛球等项目业余训练，为青少年科学锻炼提供专业保障。

江北区体教融合发展路径如图 3-2-13 所示。

图 3-2-13　江北区体教融合发展路径

十三、北碚区

北碚区深入实施体教融合，提升青少年身体素质，优化竞技项目布局，拓宽后备人才培养渠道，完善人才培养体系，畅通人才输送机制，提高科学训练水平，全面提高体育后备人才竞技水平。

（一）推动体教融合深化实施

坚持"健康第一"的教育理念，加强学校体育工作，推动青少年文化学习和体育锻炼协调发展，帮助学生在体育锻炼中享受乐趣、增强体质、健全人格、锤炼意志。深入推动体教融合深度实施，广泛开展青少年健身活动、竞赛交流、科学健身指导和体质监测服务，积极推进传统优秀体育项目进校园，实施"一校一品"体育特色项目打造工程，努力营造全社会关心和支持青少年体育的氛围，促进更多青少年参与体育活动，全面提高青少年健康素质。

（二）健全青少年体育组织

通过委托培养、购买服务等方式，扶持和引导基层健身组织发展，构建青少年健身服务组织网络，保障青少年体育可持续发展。推进"草根教练"计划，鼓励基层教练员和学校体育教师进社区担任青少年校外体育指导员，鼓励退役运动员、体育专业在校大学生等组建青少年体育健身志愿者队伍，建立青少年体育运动长效发展机制。

（三）创新后备人才培养机制

以校园体育普及为抓手，培养青少年体育爱好与技能，形成庞大的青少年校园体育参与人口。创新竞技体育后备人才的发现机制，实施多元化选材，通过有效制度与激励机制畅通输送渠道，激发培养热情，拓宽运动员的成才途径。完善青少年体育项目系统化培养与升级体系，形成稳定、有序的人才培养机制。抓好青少年体育项目教练员队伍的建设和完善，为优秀后备人才苗子成长提供足够的保障和支撑。完善青少年体育拔尖人才培养工程，形成多元化竞技体育后备人才培养格局，构建广覆盖、多层次、可持续、高质量的竞技体育后备人才库。

（四）完善青少年赛事体系

协同教育部门共同组织学生体育赛事，拟定赛事计划，统一注册资格。全面整合学校比赛、U 系列比赛等各类青少年体育赛事，畅通分级、分类有序参赛通道，推动青少年竞赛体系和学校竞赛体系有机融合。建立 U 系列赛、锦标赛、冠军赛和重庆市运动会相衔接的竞赛体系。积极鼓励各类学校利用课余时间组织校内比赛、周末组织校际比赛、假期组织跨区域及全国性比赛。

（五）合理规划竞技项目布局

加强北碚区重点训练点（各学校）的建设，集中资源为重点项目和重点运动员组建"复合型训练管理团队"，全力以赴做实做好布点学校，重点项目和重点队伍的指导和保障工作。通过"以评促建"提高各训练点（学校）单位训练质量。优秀体育苗子训练营（寒暑假）要常抓不懈，加强对优秀苗子的发掘、培养和跟踪管理。将击剑、橄榄球、足球、跆拳道、举重、游泳、武术套路作为重点核心项目，将篮球、围棋、田径、乒乓球、排球、网球列为重点普及项目。

（六）深化市级运动队共建模式

加强与重庆市体育局竞技处，青少处以及篮球管理中心、足球管理中心等市级相关单位合作，继续加大高水平运动队的共建工作，在完成橄榄球专业队（女子）落户北碚的同时，实现继续共建3～4支高水平运动队的目标。

（七）打造科学备战体系

完善以运动员为核心、以教练员为主导、以科医为支撑、以行政后勤为保障的科学系统备战训练体系，强化高水平复合型团队建设，打造能征善战、作风优良的优秀运动队伍。制定完善各项目优秀运动员选拔标准和选拔办法，畅通各类别运动员培养输送渠道。加强校地合作，充分利用西南大学的优势资源，加大优秀教练员培养力度，完善教练员、裁判员、科研、医务等专业技术人员培养体系。加大国内外高水平人才引进力度。

北碚区体教融合发展路径如图3-2-14所示。

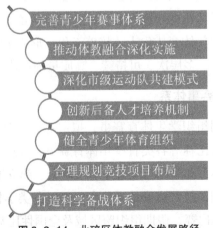

图3-2-14 北碚区体教融合发展路径

十四、渝北区

第一，深化体教融合，更新体育教育理念，完善体育课程设置、学校体育工作绩效评估体系，努力提升青少年体育素养，支持大、中、小学校成立青少年体育校队、俱乐部，增强青少年体育参与意识，培养终身运动的意识和习惯，到2025年基本实现区内青少年每天锻炼1小时、每人熟练掌握1项运动技能目标。

第二，完善青少年体育场地，进一步增强渝北区青少年活动中心的体育功能，新增1个青少年户外体育活动营地，积极推动区内学校体育场地设施、公共体育场地设施免费或低收费向青少年开放。

第三，打造青少年体育赛事品牌，联合区教委全面实施青少年体育活动促进计划，持续开展川渝青少年体育交流活动、重庆市青少年棋类锦标赛等一系列具有品牌影响力的青少年赛事活动，并以此为抓手，大力宣传体育运动文化，在青少年中大力弘扬奥林匹克精神和中华体育精神。

第四，完善青少年体育组织体系，构建以学校为主体，以青少年活动中心、青少年体育俱乐部、运动项目协会、健身中心、青少年户外体育活动营地、体育类研学基地等非营利性社会组织为支撑，以其他社会力量参与为补充的青少年体育组织体系，常态性开展体育相关交流和培训，提升青少年体育专业服务供给能力。

渝北区体教融合发展路径如图3-2-15所示。

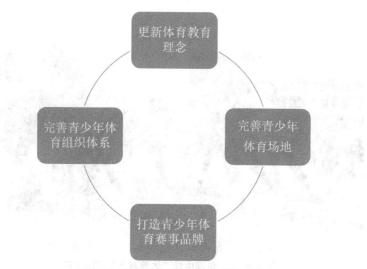

图3-2-15 渝北区体教融合发展路径

十五、巴南区

巴南区贯彻落实《深化体教融合促进青少年健康发展意见》，会同区教委建立"体教融合"联席会议机制，共同制定《巴南区深化体教融合促进青少年健康发展的实施意见》。扎实推进青少年后备人才体系建设。深化竞技体育后备人才体系建设，加大各项目布局学校训练监督检查力度，强化训练管理、优化项目布局、健全输送清单。积极申报优秀后备人才训练营，健全训练营优秀后备人才档案指标体系，建立优秀后备人才跟踪制度。丰富青少年体育赛事活动，完善青少年体育公共服务体系，加强青少年体育公共服务组织、平台建设，建立政府、企业和其他社会力量多主体举办青少年赛事、培训活动体系。

以鱼洞中学轮滑为例，庆市体育局和重庆市轮滑协会联系到学校，三方一拍即合，决定共同组建球队，由市轮滑协会委派专业教练到校指导队员选拔、队伍建设和日常训练。就这样，重庆市首个女子轮滑冰球队于 2019 年 1 月 16 日在巴南鱼洞中学成立，当时有队员 29 人。同年 4 月中旬又在校内建成 1000 平方米的标准轮滑冰球场，以方便队员训练。鱼洞四小在 2019 年中国轮滑阻拦公开赛中夺得亚军，巴渝小学夺得季军；鱼洞中学在全国轮滑球联赛（重庆站）获得亚军；鱼洞中学在 2019 年中国中学生轮滑锦标赛暨全国小学生轮滑训练营总决赛中荣获轮滑阻拦中学女子组总冠军（图 3-2-16）。

图 3-2-16 鱼洞中学"体教融合"国培项目

十六、长寿区

长寿区文化旅游委与区教委密切配合，建立体教联席会议制度，探索出在全市具有较大影响力的"体教结合"发展模式，真正做到了"场地共建、经费共出、人才共用、资源共享、责任共担"，有力推动了长寿区青少年后备人才培养工作。

长寿区体教融合发展路径如图 3-2-17 所示。

图 3-2-17 长寿区体教融合发展路径

十七、江津区

（一）合力推进体教融合常态化

由区教委和区体育局协同配合，构建更加完善的体教融合体制机制，充分发挥 44 所国家级足球、篮球、网球、排球特色学校；1 所全国青少年校园冰雪运动特色学校；88 所市、区级体育特色学校的引领示范作用，打造"一校一品""一校多品"教学模式，确保学生每天 1 小时校园体育锻炼，鼓励学生参加校外全民健身活动，合理安排"体育家庭作业"，持续开展年度校园"学生体育节"和区级中小学生"体育季"系列活动。

（二）纵深推进体育培训多样化

指导轮滑、体育舞蹈等新兴体育协会注册登记，引导和支持 15 个单项体育协会和 72 个青少年体育培训机构，利用大课间活动和课后延时服务时间，组织开展武术、棋类、跆拳道、游泳等体育进校园系列活动，营造基础在学校、关键在学生、参与在社会的竞技体育氛围。

（三）着力保障竞技体育专业化

以江津区体校为依托，"选拔、培养、输送"优秀体育后备人才，筑牢"金字塔"训练网络体系，即以 23 所"小基地"学校为"塔基"、以区体校为"塔身"、以市优秀运动队为"塔尖"。加快江津区竞训中心建设，改善现有训练场地设施，为竞技体育训练提供标准化、规范化的硬件保障。逐步壮大体育教练、体育教师人才队伍，通过课程教研、基本功训练、体适能培训等方式提升能力素质。

江津区体教融合发展路径如图 3-2-18 所示。

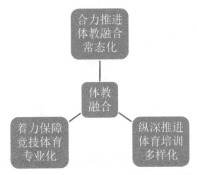

图 3-2-18　江津区体教融合发展路径

十八、合川区

合川区着力做好体教融合，积极推进体育、教育系统资源整合，选拔更多后备人才，不断提升竞技体育发展水平。

如图 3-2-19 所示，为合川区体育馆中开展的重庆市第十届全民运动会轮滑比赛。

图 3-2-19　重庆市第十届全民运动会轮滑比赛在合川体育馆进行

2021 年 11 月 24 日，重庆市体育局来合川区开展调研工作。调研组一行先后到合川实验中学、东津沱滨江公园、全民健身中心进行实地走访调研，详细了解竞技体育后备人才培养有关情况、竞技体育经费投入情况和体育场馆规划及训练场地设施建设情况。

十九、永川区

永川区加强体教融合，增强体育发展后劲。

（一）推动青少年学习和体育锻炼协调发展

倡导科学健康的体育健身和生活理念，动员家庭、学校和社会共同维护青少年身心健康。积极开展适合幼儿身心发展规律、培养幼儿兴趣爱好的体育活动，支持创建体育特色项目幼儿园。发展体育传统特色学校，建立青少年校外体育活动中心，完善校家社政相结合的青少年体育活动网络，广泛开展多样化青少年体育活动及赛事，青少年身体素质明显提升，逐步形成终身参与锻炼的良好习惯，促进青少年全面健康发展。

（二）强化竞技体育人才队伍建设

出台校地合作政策，加强与重庆文理学院等高校合作，通过签订聘用合同、周期执教、项目管理、联合课题等形式，拓宽人才引进渠道，充实运动员队伍，充分发挥体育人才的社会价值。与上级体育训练单位或大学共建体育专业院校和训练基地；发挥"国家壁球后备人才培训基地"优势，培养国家一线或二三线壁球队伍；积极与市级专业队、市级体校开展合作，建成 2～3 支重庆市级二三线队伍，1～2 支国家二三线队伍；依托科技生态城永川奥体中心建设工程，与该片区职业院校合作，共同建设永川区青少年儿童体育学校和体育职业院校，支持高校创建高水平运动队，辐射成渝地区双城经济圈；主动对接、择优选派相关专业人员参与国家体育总局重大人才计划，大力选派优秀体育工作骨干或成长潜力大的年轻专业技术人员、优秀运动员到总局国家队、北体大等体育高等院校以及体育先进省市学习深造，提升综合业务水平。

以重庆市柔道队为例，重庆市体育局与重庆文理学院共建重庆市柔道队，积极促进体教融合，助力重庆市柔道项目的发展。为了更好地促进合作的开展，重庆文理学院体育学院领导班子与专家团队前往市运动技术学院柔道训练基地观摩考察，经与市柔道队教练团队交流磋商和共建，重庆文理学院将全力建设好柔道队，利用高校资源做好运动防护与康复的保障。同时，建设一个重庆市柔道运动文化科普基地，在校园及社会层面进行柔道文化的传播和柔道技术培训与推广。通过以上的合作共建，希望达成以下建设目标：

第一，重庆市柔道队在 2025 年十五运比赛中取得突破，至少 1 名选手进入决赛阶段前八名。

第二，重庆市柔道队运动员升学重庆文理学院运动训练专业人数逐年增加，人才培养质量逐渐提升。

第三，建设成为体教融合的重庆市柔道运动特色发展模式，并在全国产生重要影响力。

第四，重庆文理学院建成全国柔道特色学校及柔道科普基地，至少完成 5 次科普工作。

第五，形成特色的柔道训练课程体系及人才培养模式，出版柔道教材一部。

第六，成立新的重庆市柔道协会。

共建不仅是为了备战第十五届全运会，也是促进体教融合，为重庆市培养更多的体育人才探索新的模式。

二十、南川区

南川区为贯彻落实"体教融合"发展理念，区教委、区体育局结合区内实际和体教融合试点学校意愿，重点开展了拳击、跆拳道、武术、田径、足球、体育舞蹈等 6 个重点项目。由学校提供场地和设施，区体育局提供资金保证，学校和业余体校共同聘用教练员，业余体校定期对体育重点项目学校各训练点进行指导。

2020 年 11 月 12 日，重庆市体育局贯彻国家体育总局、教育部联合印发《关于深化体教融合促进青少年健康发展的意见》，提出要加强体育传统特色学校建设。

二十一、綦江区

綦江区强化组织领导，区委、区政府高度重视全区中小学体育工作，常态组织召开专门会议，专题研究全区中小学体育工作。为了更好地推进体教深度融合，綦江区教委、区体育局联合组成全区体育工作领导小组，总揽全区体育工作的规划、指导和实施，共同出台加强学校体育工作的实施意见，明确学校体育发展的目标和主要任务，推动学校体育工作全面发展。

如图 3-2-20 所示，为重庆市第四届轮滑锦标赛在綦江区的开幕式。

图 3-2-20　重庆市第四届轮滑锦标赛开幕式

二十二、璧山区

璧山区认真落实中共中央办公厅、国务院办公厅《关于全面加强和改进新时代学校体育工作的意见》和《重庆市全面加强和改进新时代学校体育工作的若干举措》精神，坚持"健康第一"的教育理念，发力"七大"举措，促进学生在体育锻炼中享受乐趣、增强体质、健全人格、锤炼意志。

（一）着力制度保障

认真贯彻落实国家和重庆市学校体育工作政策规定，先后出台《关于强化学校体育促进学生身心健康全面发展的实施方案》《关于进一步加强体教结合加快体育后备人才培养的实施意见》《璧山区校园足球活动实施方案（试行）》《璧山区全面加强和改进新时代学校体育工作实施方案》等近 10 个文件，成立璧山区学校体育工作小组、璧山区校园足球领导小组，有力保障学校体育工作顺利开展。

（二）着力落实课标

严格落实国家体育与健康课程标准，确保小学一二年级每周 4 课时、三至六年级和初中每周 3 课时、高中阶段每周 2 课时。实现体育课程开课率、大课间体育活动开展率、学校眼保健操普及率、运动会举办率 4 个 100%。全区 50 余所学校定期开展体育课后服务，20 余所中小学开设体育节。每年定时对全区学校开展大课间活动评比，评比结果纳入学校绩效考核。

（三）着力素质测评

2014年9月，璧山区开始实施体育教育教学改革，出台《璧山区义务教育阶段学生音体美素质测试实施办法》，作为附件将其纳入《2014—2015学年度重庆市璧山区义务教育学校督导评估暨绩效考核方案（试行）》，实施办法对体育教学常规、教学过程管理、学生素质测试、测试结果运用等做出明确详细规定。体育素质测试办法在实施过程中不断完善，评价体系历经3次修订，评分标准实现三连降，促进了学校体育教学科学、合理、高效开展。

（四）着力特色发展

多次出台《关于申报区级体艺特色学校的通知》，紧扣学校校园文化建设，大力发展"一校一品""一校多品"体育特色。全区成功创建国家级特色学校18所，其中足球特色学校10所、篮球特色学校4所、网球特色学校4所。成功创建市级特色学校4所，其中篮球特色学校2所、武术特色学校1所、跳绳特色学校1所。

（五）着力传统体育

大力推进中华传统体育项目进校园、进课程，挖掘并整理属地传统特色体育项目资源，因校制宜、有机融入学校体育课程和体育活动。全区中小学利用体育课、大课间、课后服务时间，每两周开展不少于40分钟的武术、象棋、摔跤、跳皮筋、踢毽子、丢沙包、滚铁环、空竹、功夫扇、摔跤等传统体育项目活动，6.4万人次参加，参与率达到99.5%。

（六）着力竞赛体系

积极组队参加国家、重庆市举办的中小学生体育竞赛活动，构建完备的区级、校级、学校等3级学校体育竞赛体系，以赛促训、赛训结合，长期坚持举办田径、足球、篮球、乒乓球等7项学生体育赛事，常态化举行高中、初中、小学不同学段体育竞赛活动，定期开展学校体育联赛及全区中小学生篮球、足球、田径、摔跤等项目冬（夏）令营活动。学校积极开展体育艺术节活动。近5年，璧山区在市级以上体育赛事团体获奖50余次，团体和个人获得第一名近30次。

（七）着力人才培养

不断完善优秀体育人才培养体系，依据"有层次、有对口、有衔接"的原则，按照"学校体育特色，区教委统筹规划"的思路，优化学校业余训练工作网点布局，重点抓好田径、足球、摔跤、篮球等运动项目。区教委根据各校运动队的建设和人才储备情况划定一定的特长生招收比例，保证后备人才储备，璧山中学、璧山区实验小学等 10 所学校每年招收各项体育特长生 100 余名，并在班级设置、师资、训练时间、经费等方面予以充分保障。近 5 年，全区达到国家一级运动员 4 人、国家二级运动员 115 人，陈思洁入选全国青少年校园足球小学女子乙组国家队，参加 2019 年法国女足世界杯护旗手；李欣芮入选全国青少年校园足球小学女子乙总营；李岢优担任全国第十四届学生运动会乒乓球比赛重庆代表队队长，率队闯进八强。

璧山区大力推动体教融合，加强竞技项目训练，培养了大量青少年后备人才，璧山区青少年体育学校更是被评为重庆市竞技体育后备人才单项训练基地（田径）。

二十三、铜梁区

铜梁区深化体教融合发展，探索体育人才阶梯式、专业化培养模式，出台《铜梁区深化体教融合促进青少年健康发展实施意见》《铜梁区竞技体育发展实施意见》《铜梁区足球发展实施意见》等，以政策保障、以规划指导，抓好竞技体育谋划。按照"一体化设计、一体化推进"原则，与教育部门形成合力，优化运动项目布局，深入推进体校改革、重点项目训练基地改革，畅通运动员培养通道，健全"一条龙"人才体系，持续向上输送高水平运动员。加快建设铜梁区青少年校外体育训练中心，对标承办市运会标准，推进现有体育场馆提质改造，实现场馆智慧化管理。积极引进社会力量参与场馆建设运营，引导学校体育场馆标准化建设及提升，保持公共体育场馆免开率，持续推进全民健身设施补短板工作。

如图 3-2-21 所示，为铜梁区举办的轮滑邀请赛。

图 3-2-21 铜梁区轮滑邀请赛比赛现场

二十四、潼南区

潼南区推进体教融合，强化基础设施，如区体育局与区实验中学共建潼南区青少年业余体育训练基地，合作重点打造提升射击、举重、摔跤、乒乓球、射箭5个竞技体育项目，更好地备战市六运会、第十届全运会，为市级专业运动队培养、输送更多更好的优秀人才。体校招生至小学阶段，打破传统学科考试考取重点学校模式。

重庆首个综合性体育与教育相融合的创新型项目——重庆国博青少年体育中心也在潼南区落户。重庆国博青少年体育中心包含室外足球场、室外田径训练场、室内击剑、篮球、羽毛球、乒乓球、排球、游泳等8个项目，配套幼儿体适能中心、健身中心、运动康复中心，以及餐厅、咖啡厅、展示馆等多项服务设施，面积约6万平方米，可满足举办市级和全国级青少年赛事的标准（图3-2-22）。

图 3-2-22　重庆首个体教融合中心规划图

二十五、荣昌区

荣昌区深化体教融合，荣昌区体育局联合区教委在安富中学、峰高中学、宝城初级中学、荣昌初级中学布点训练基地，开设柔道、跆拳道、武术散打等特色训练项目7个，累计培养一二级运动员800余名，承办国际式摔跤、铁人三项、马拉松等国际国家级赛事60余次，区体校被市体育局命名为"重庆市重点业余体校"。

二十六、开州区

一是抓实体育活动。制定阳光运动提升计划，开设足球操、竹竿舞等运动项目20余个；构建"1+X"课后服务模式，增设手工陶艺等特色项目10余个、体育社团30余个；开展体育特色学校评选，创建国家级足球特色学校26所、篮球特色学校 8 所、网球特色学校 3 所。

二是夯实竞训体系。完善校内比赛—校级联赛—区域选拔性竞赛"三级"中小学体育竞训赛事，发展校园足球联赛等品牌赛事，实现小学、初中、高中体育生竞技参与"全链条"覆盖。

三是做实联办项目。整合区龙英文武学校、区体校等优势资源，联合打造拳击、武术套路等青少年体育项目 8 个，培育注册运动员 632 名。

四是坚持"一校多品"。组建国际跳棋、网球等项目"区队校办"队伍 6 支，联建训练基地 6 个，设置项目训练点 13 个，200 余名学生荣获市级赛事奖项。

开州区体教融合发展路径如图 3-2-23 所示。

图 3-2-23　开州区体教融合发展路径

二十七、梁平区

梁平区深化体教融合，共推青少年文化学习和体育锻炼协调发展。梁平区体育部门和教委加强合作，统筹推进，除了在中小学开设游泳课之外，梁平区南华初中、品字小学、石马小学、梁平枫叶国际学校等 4 所学校前不久被教育部命名为全国青少年校园足球特色学校。下一步，将进一步统筹多方资源，推动跨区域交流，不断提升学校创新能力和发展水平，推动全区学校体育事业健康有序发展，为提升学生体质健康水平发挥示范作用。如游泳课进校园，在中小学开设游泳课，梁平区教委与梁平区体育发展中心联合组织品字小学开设游泳课程。

梁平区体教融合发展路径如图 3-2-24 所示。

梁平体教融合

图 3-2-24　梁平区体教融合发展路径

二十八、武隆区

武隆区推进部门协作，强化体教融合。一是体育局将篮球馆、网球场、乒乓球馆等体育场馆和设施设备全部向中小学生免费开放；二是体育局每年选派4名专业教练员定期到武隆中学、实验中学、实验小学、实验二校等篮球体育特色项目学校进行篮球队训练指导；三是每年举办一次篮球教练员和裁判员培训班。

同时，强化竞赛占比，提高运动技能。一是抓基础，广泛开展学校竞赛活动。学校坚持开展特色体育项目班级联赛，每次举办校运动会或体育节活动，明显感觉学生参加体育活动的积极性大大提高，学校体育氛围越来越浓。二是建平台，积极组织区级竞赛活动。区教委建立健全了竞赛机制，每年举办中小学生综合性运动会和特色项目联赛，学生竞技水平不断提升，田径多项纪录年年被刷新，出现了很多田径三级和二级运动员。三是重提高，踊跃参加市级竞赛活动。以篮球、足球、田径、跳绳等为重点支撑项目，每年参加20余项市级中小学生运动会单项比赛。2017年，市小学生篮球赛实验二校女子队获得第五名，实验小学男子获得第8名，实验中学获得初中女子第8名；2018年，实验二校女子篮球队参加市小学生篮球赛获得亚军，参加市文体局组织小学生篮球赛获得冠军。

以武隆区中盛小学为例，中盛小学深入实施素质教育，积极推进体教融合，促进学生全面发展。中盛小学在六个方面进行了积极探索。

一是强化体育课堂教学。严格按照国家课程标准，开齐体育课程，配齐体育教师；每学期组织体育教师全员上教研课，提升教师业务能力；坚持抓好"两操"，开展丰富的大课间活动及体育兴趣小组活动，切实保证学生每天一小时的体育锻炼时间。

二是丰富校园体育活动。大课间活动时，各班编排了各具特色、学生喜闻乐见的体育活动；每周二、三下午开设田径、篮球、足球、羽毛球等校本课程，学生可以根据需要选择喜欢的课程；分年级组织开展体育项目评比，促进学生掌握两项终身受益的体育运动技能。

三是重视学生健康发展。利用多种形式普及健康知识，保证两周一节健康教育课时，广泛开展学生心理辅导和咨询，促进学生身心健康发展。

四是完善学校体育设施。购买添置体育器材，保证体育教学训练及大课间活动需要；此外，学校扩建工程将于明年完工，体育活动场地设施将得到极大改善。

五是加强校园对外开放管理。为方便市民进校健身，学校专门安装了射灯，添置必要的防护设备，每天安排专人值守巡查、清扫保洁，定期维护设施，校园开放以来，进校锻炼人数达 39000 人次。

六是积极利用公共体育资源。引入优质体育资源参与学生体育训练，聘请区体育馆武术、跆拳道教练到校授课；推荐体育特长生进入区级专业训练班深造；把区体育馆作为学校田径队的训练基地，200 多名学生在此训练并受益。

二十九、城口县

城口县深入贯彻落实《中共中央、国务院关于加强青少年体育增强青少年体质的意见》和全国青少年体育工作电视电话会议精神，推动学生积极参加体育锻炼，切实掌握 1 至 2 项终身受益的体育技能，增强学生体质健康水平。城口县坚定不移地走"体教融合"发展之路，多措并举深化体教融合，构建小初高三级人才培养体系，加强对各类青少年体育俱乐部的管理，积极开展丰富多彩的课余体育训练和体育特色学校创建活动，切实加强体育教师、教练员队伍建设，全面加大体育场地免费开放。

一是推进新时代立德树人工程。稳步提升课程质量和水平，逐步形成中小幼德育一体化格局。坚持德智体美劳全面培养的育人导向，大力加强中小学劳动教育，切实加强和改进体育美育工作，提升青少年学生健康素养，加强法治、生态文明和国防教育；增强家庭学校社会协同育人合力，切实提升家庭教育科学化水平，推进全社会协同育人体制机制建设。

二是推进基础教育公平优质发展。推进学前教育普及普惠发展，提高学前教育保教质量；推进义务教育优质均衡发展，优化学校布局，提升学校设施设备配置水平，全面提高义务教育质量；推动普通高中特色多元化发展，进一步提高高中教育教学质量，落实高考育人方式改革；完善特殊教育保障机制；保障困难群体受教育权利。

三是推进职业教育融合创新发展。优化职教中心专业结构，科学合理设置和调整职教中心专业，提高专业与产业的匹配度，提高就业率；持续深化产教融合校企合作，加快推进职业学校基础能力标准化建设。

城口县体教融合发展路径如图 3-2-25 所示。

图 3-2-25　城口县体教融合发展路径

下一步，城口县将进一步发挥体教融合发展优势，结合学生运动特点，推动全县各学校以田径为基础，大力发展足球、篮球、射箭等特色项目，完善青少年后备人才培养体系。同时，加强教练员和体育教师培养力度，提高执教水平；注重科学选材，改善训练条件；大力推进"教育＋体育＋旅游"融合发展，奋力开创城口体育事业新局面。

三十、丰都县

丰都县委、县政府出台《丰都县深化体教融合促进青少年健康发展的实施意见》（以下简称《实施意见》）。全面推动体教深度融合发展，进一步提高青少年竞技体育水平，加快助推体育强县建设发展目标，提出将重点完善中小学篮球、足球等 16 个青少年体育项目布局。到 2025 年，成功打造 2～3 个市级重点单项训练基地，5～8 个市级传统体育项目学校。积极向市体校及市专业队输送优秀运动员达 10 人以上，力争 1～3 名运动员晋级参加国家级比赛。细化重点工作任务，进一步明确了制定《丰都县青少年体育后备人才升学输送管理办法》、强化体教融合师资队伍建设、完善青少年训练竞赛体系、实施体校改革、保障教练员待遇等重点工作任务。将有效解决体育赛事面临"壁垒"、学校体育薄弱、体校发展活力不足、竞技体育后备人才青黄不接系列问题，进一步明确了丰都县青少年体育工作发展方向。

《实施意见》完善了保障措施，将制定《丰都县青少年竞技体育奖励办法》《丰都县体育教师（教练员）课余工作计量补贴实施办法》《丰都县体教融合运动意外风险赔付制度》等配套政策文件。将充分调动广大教练员、运动员的主动性，激发大家刻苦训练的内生动力。加快推动丰都县青少年体育工作迈向高质量、高效率、可持续发展。积极构建全县竞技体育、学校体育、群众体育和谐发展新格局。

三十一、垫江县

聚焦思路方法，力争出彩出新。依托现有条件，思考出路，利用中小学"双减"和开展延时服务的需求，大力实施体教融合，帮助学校打造体育品牌。积极推进行业协会、体育企业进校园，鼓励校企联合，弥补学校和县体校训练项目的空缺。与学校联合开展教研活动，主动发现人才，培养人才。

垫江县体教融合发展路径如图 3-2-26 所示。

图 3-2-26　垫江县体教融合发展路径

三十二、忠县

忠县通过科学规划、强化统筹，做好增量，盘活存量，进一步满足人民群众的健身需求。探索适合忠县特色的体教融合实践，用好"三大球"和田径项目特色学校牌子，推动青少年体育教育的持续发展，夯实后备人才基础，为竞技体育蓄力。要积极争办大型赛事，打造忠县特色的品牌赛事，利用赛事提高知名度，扩大忠县文化的影响力并反哺忠县的体育事业发展。

忠县以"选星计划"为契机，扎实做好后备人才选拔工作，夯实体教融合，完善青少年人才培养体系，为全市竞技体育改革发展贡献更多力量。

三十三、云阳县

云阳县全面落实立德树人根本任务，县教育系统结合实际，制定印发了全县深化体教融合工作方案。方案提出：截止到 2022 年，要实现学校体育工作机制更加健全，体育师资水平全面提高，体育场地器材全面改善，体育教学质量全面提升，青少年体育训练与竞赛体系更加完备，国家学生体质健康标准合格率、优秀率逐年上升，形成"一校一品""一校多品"的学校体育发展新局面。

体教融合工作的开展要找准融合与发展的目标，以目标融合为导向，将各项具体工作落实落地；要明确体教融合对象，分区域、分范围、分层次、全方位推进学校体教融合工作，打通体教融合"最后一公里"；要落实职能职责，细化工作举措，清单化管理、项目化推进，精细化落实；要完善组织架构，强化队伍建设、经费保障、评价考核，以创促建，全力推进体教融合示范县建设。

云阳县体教融合发展路径如图 3-2-27 所示。

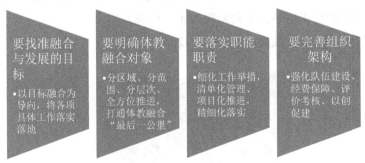

图 3-2-27　云阳县体教融合发展路径

以云阳县沙沱初中为例，学校举重特色与教育教学相结合的"四大举措"：

第一，举重文化和校园景观相结合，打造"若轻园""众擎园""娴雅园"三大园区，把举重文化浸润在校园环境中。

第二，举重特色和体艺活动相结合，用活"举重课""举重操""文化节"三大载体，提升学生综合素质。

第三，举重精神和文明礼仪相结合，以"举止娴雅"引导学生养成良好的行为习惯，培养"儒雅书生"。

第四，举重训练和体育赛事相结合，加强队员训练培养，积极参加重庆市和全国各类举重比赛，为云阳争光，为重庆添彩。

三十四、奉节县

奉节县加强青少年体育工作，认真贯彻中央和市有关文件精神，制定体教融合促进青少年健康发展的实施意见，强化政策保障。县体育和教育主管部门通力合作、密切配合，建立奉节县青少年体育工作联席会议制度，统筹全县青少年体育工作开展。大力促进青少年体质健康，树立健康第一的教育理念，严格落实《国家学生体质健康标准》，针对青少年近视、肥胖、脊柱形态不良、心理亚健康等健康问题，加强青少年健康教育和干预。加强学校体育工作，鼓励有条件的中小学增加体育课时帮助学生掌握健康知识、运动技能和锻炼方法，体育和教育部门合作共建青少年体能训练基地，推进优质体育资源进校园，选派优秀教练员、社会体育指导员进学校指导体育课，开展业余训练。

积极推进快乐体操、趣味田径、幼儿足球、幼儿篮球、优秀民间传统体育项目等在幼儿园和小学低年级阶段的开展。加强学校体育设施器材供给配备，加大学校体育教师和青少年体育俱乐部教练员体育专项业务培训力度，提高体育教师专项技能和体育训练执教水平。广泛开展青少年体育活动，鼓励和支持办好学校运动会、体育夏令营、亲子体育节等活动，鼓励学生积极参加重庆市青少年体育赛事。

《奉节县体育事业发展"十四五"规划》中规定了体教融合发展促进工程：青少年体质健康水平持续提升，参加体育活动兴趣不断增强，自主锻炼习惯逐步养成，普遍掌握 1~2 项运动技能，学生体质健康测试合格率达 95% 以上，培育体育名师名家 10 位。探索提高体育考核比重，中考体育的分值权重达中考总分值的 10% 以上。到 2025 年，全县创建市级体育传统特色学校 20 所，其中市级快乐体操特色学校（幼儿园）5 所，足球、篮球特色学校各 10 所，优秀青少年足球后备人才示范学校 5 所。夔龙术体操（武术运动）覆盖全县中小学。同时，构建"体、教、社"三位一体融合机制，强化跨部门的沟通协作，加强对特色体育项目传统学校、后备人才培养基地等竞技体育人才的培养，将运动员就学、升学指标纳入考核体系。支持社会力量参与、承担竞技体育人才培养，充分发挥民营经济优势，引入市场化运作模式，架构体育、教育与社会力量"三位一体"的合作共赢机制，鼓励和支持社会团体、民间组织和企业参与竞技体育人才的培养。

三十五、巫山县

巫山县深化体教融合，整合体教优质资源，在青少年赛事活动体系、注册管理、组织实施、场地共享、课余训练、后备人才培养、教练员裁判员培训等方面探索一体化组织管理机制。健全家庭、学校、政府、社会共同参与的学校体育运动伤害风险防范和处理机制，强化安全教育，加强体育活动安全管理。

三十六、巫溪县

第一，支持体育中介组织发展，广泛开展体育技术、信息咨询、体育保险、赛事推广等中介服务。规范体育经纪人管理，形成一支高素质体育经纪人队伍，积极开展体育经纪活动。规范体育培训主体行为，支持体育协会、体育俱乐部、户外体育活动营地等开展各类体育培训活动，扩大与国内外知名体育培训机构合作。

第二，优化竞赛，体教赛事融合，取消体育赛事审批，加强事中事后监管，防范办赛安全风险。完善政策措施，积极引导规范各类体育赛事的市场化运作，支持各类市场主体依法组织、承办体育赛事，由政府举办的公益性赛事原则上采取购买服务方式办赛。重点围绕赛事开发、健身休闲、中介培训、影视传媒、文化创意等业态，发展一批"专、精、特、新"的体育小微企业。

第三，鼓励体育企业联合成立各类行业协会，支持体育社团、体育民办非企业单位等非营利性组织的发展。

第四，争取多渠道投资，引进和培育群众基础好、市场接受程度高的专业俱乐部，提升俱乐部商业运作水平，推动有条件的专业俱乐部进入体教融合平台。

巫溪县体教融合发展路径如图3-2-28所示。

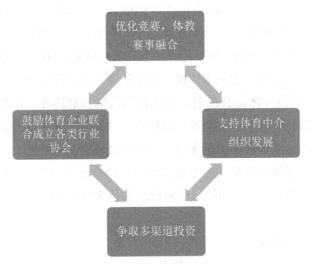

图3-2-28　巫溪县体教融合发展路径

三十七、石柱土家族自治县

《石柱土家族自治县"十四五"体育发展规划》指出，要认真贯彻落实《体育总局、教育部关于印发深化体教融合促进青少年健康发展的意见》精神，构建体教融合长效机制，坚持"创建基地、体教融合、社会联办"的思路，积极整合各类资源，加强学校体育设施建设，不断完善训练场地设施，持续深化体教融合模式，努力构建青少年体育人才训练体系，创新推动青少年体育改革发展，建立完善、丰富、多元的青少年体育赛事活动体系，促进青少年全面健康发展，为康养石柱和体育强县建设奠定坚实基础。

（一）大力推动青少年竞技体育后备人才建设

1. 健全竞技体育后备人才培养三级训练体系

根据各个学校情况分别建立不同项目的人才培训基地，设立单项体育特长班，做优"塔尖"；提高体育传统项目学校训练质量，做强"塔身"；夯实学校体育，加强青少年体育社会组织建设，做实"塔基"。完善竞技体育后备人才赛事体系，积极承接全国性青少年赛事，健全青少年运动员参赛资格制度。完善竞技体育后备人才选材培养体系，做实"输送清单"，建立后备人才库和输送奖励机制，加强运动员管理。加强竞技体育后备人才教练员队伍建设，加强教练员队伍人才培训，提高全县教练员水平。

2. 深化体教融合促进青少年健康发展

着力将青少年体育后备人才培养基地建在学校，教育、体育部门联合制定由幼儿园、小学、初中、高中组成的相同运动项目对口升学的办法，健全"一条龙"人才体系，布局重点运动项目，解决体育特长学生持续训练和学习问题。大力推动青少年校外体育活动中心建设，组建复合型教练员团队，为中小学校及青少年提供各种体育教学、课余训练、竞赛组织、冬（夏）令营活动等服务。通过政府购买服务的方式支持青少年社会体育组织进学校，为学校体育活动提供指导，普及体育运动技能。加强儿童青少年近视防控工作，增强健康用眼意识。建立基地联席会议制度，进一步完善联合办赛和联办运动队机制。改革和完善裁判员管理体制，发挥单项运动协会作用，加大裁判员培养和监管力度，建立高水平、高素质的裁判员队伍。

（二）构建科学训练体系。

加强县优秀运动队建设，着力构建符合科学发展的"训、科、医、教、服"一体化训练体系。科学制定训练计划，坚决落实"从难、从严、从实战出发和大运动"训练要求，系统引进国内外前沿训练理论和训练方法。充分研究项目规则变化，深化对项目训练竞赛规律的认识和把握，不断提高训练效益与质量。整合社会体育资源，鼓励有条件的乡镇、学校、企业、俱乐部共建县优秀运动队及县优秀运动队二三线队伍，发展壮大优秀运动队规模。积极参加跨项选材，充分挖掘运动员潜力。组建复合型教练员团队，为中小学校及青少年提供各种体育教学、课余训练、竞赛组织、冬（夏）令营活动等服务。到2023年，至少建立一个青少年校外体育活动中心。

（三）打造青少年足球训练基地

深化体教融合，充分依托三河学校等市级足球特色学校，推进校园足球与社会足球有机衔接，畅通优秀苗子成长通道。鼓励学校设立足球特长班，建设足球特色基地。结合足球俱乐部、足球协会等形成少儿、青少年和成人三级梯队机制。政府通过公共服务购买方式向学校、足球协会（俱乐部）等提供资金支持、器材配送，引导、鼓励社会力量和资本参与足球公共服务体系建设。科学规划校园足球发展，努力探索符合当代青少年足球发展规律和石柱土家族自治县实际的足球发展道路和管理模式。加强教练员队伍建设和管理，提高训练水平，努力在重大赛事中创造好成绩，为国家、为社会输送足球竞技体育人才。

（四）大力发展铁人三项运动

大力推动青少年铁人三项运动发展，积极开展铁人三项青少年训练营、夏令营等活动，评定小铁人技术等级，建设青少年铁人三项运动研学营地，积极举办青少年铁人三项运动技能培训、户外拓展、"小铁人"赛事等活动。在具备条件的幼儿园、中小学校开设小铁人课程，将回龙中学、三河中学、南宾小学打造为铁人三项特色学校、青少年铁人三项后备人才培训基地、体教融合示范学校；建立青少年铁人三项运动培训中心，开设铁人三项裁判员、教练员培训班，让铁人三项运动基因、铁人三项运动文化、铁人精神从小根植于青少年思想中。

石柱土家族自治县体教融合发展路径如图 3-2-29 所示。

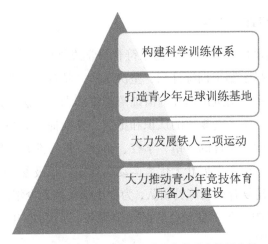

图 3-2-29　石柱土家族自治县体教融合发展路径

三十八、酉阳土家族苗族自治县

第一，加强学校体育工作。树立"健康第一"的教育理念，开展丰富多彩的课余训练、竞赛活动。加强学校运动队建设，严格落实国家体育、教育部门为在校学生制定的运动水平等级认证标准，并共同评定。

第二，完善青少年体育赛事体系。教育、体育部门融合双方青少年体育竞赛活动，每年联合制定青少年体育竞赛活动年度计划，共同主办中小学生体育赛事，建立统一的中小学生运动员注册认证和裁判员信息系统。教育、体育部门根据项目特点，建立学年段和年龄段、校内与校际、本县与市级相结合的市、区县、学校三级青少年体育竞赛活动体系和选拔制度，力争为重庆市优秀运动队选拔、培养、输送更多优秀后备人才，防止人才流失。积极构建成渝地区双城经济圈青少年体育竞赛活动及教练员培训等联办互通的交流机制。县教委、县体育发展中心会同县人力社保局、县财政局制定奖励办法，将该县运动员参加全国大赛和全市大赛取得的成绩纳入教育、体育部门双方的奖励评估机制。

第三，加强体育传统特色学校建设。教育、体育部门制定由幼儿园、小学、初中、高中组成的相同运动项目对口升学的办法，健全"一条龙"人才体系，布局重点运动项目，解决体育特长学生持续训练和学习问题。

第四，深化体校改革。加强体校建设，鼓励体校教练员参与学校体育课教学和课外体育活动，为学生提供专项运动技能培训服务，制定教练员培训服务补贴标准，领取劳动报酬。

第五，加强青少年社会体育组织建设和管理。

第六，大力培养体育教师和教练员队伍，配齐配强教练员和体育教师。

酉阳土家族苗族自治县体教融合发展路径如图3-2-30所示。

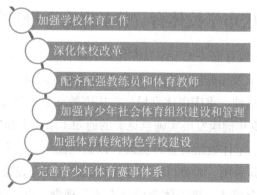

图3-2-30　酉阳土家族苗族自治县体教融合发展路径

三十九、彭水苗族土家族自治县

第一，开展学校特色体育项目，建立体育技能评定机构。

第二，规范学校教育教学行为，促进学生积极参与课外体育活动，利用课余时间、运动会、大课间操时间让学生学会两项以上运动技能。

第三，从专业运动员或者校外优秀教练员中选择教练员，通过考核审核聘请到学校进行教学。

第四，体教融合，优化竞赛平台。

彭水苗族土家族自治县体教融合发展路径如图 3-2-31 所示。

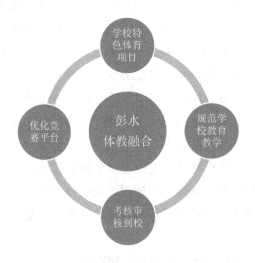

图 3-2-31　彭水苗族土家族自治县体教融合发展路径

第三节　重庆市学校体育"体教融合"推进策略与研究

根据体育总局、教育部《关于印发深化体教融合促进青少年健康发展的意见》（体发〔2020〕1 号）及市政府办公厅《关于建设体育强市的实施意见》（渝府办发〔2021〕21 号）精神，重庆市体育局、重庆市教育委员会关于印发《重庆市深化体教融合促进青少年健康发展实施意见》的通知（渝体〔2021〕254 号）。

对重庆市大中小学体教融合整理梳理，以案例说明。以大渡口区深化体教融合促进体育人才培养为例。大渡口区学校体育品牌项目建设秉持"坚持科学发展道路、创新体教融合模式、培养体育后备人才"理念，以"立足学校建设梯队、培养学生一专多能、促进学生多元发展"为目标，坚持整体推进与典型引领相结合发展思路，多措并举、改革创新，进一步深化体教融合，着力体育后备人才培养。

一、深化体教融合，统筹整合区域资源

（一）创新人才培养模式

结合区情，以 12 所品牌项目基地学校为中心，全区学校一盘棋，各中小学运动员统一实行"学校＋基地"的走训方式，实现文化学习与专业训练有机结合。

（二）健全协同育人机制

中小学、区体校、体育俱乐部三位一体，形成合力。中小学负责运动员的文化学习、升学，保障训练场地。区体校和体育俱乐部确保体育训练工作落到实处，共促学生全面成长。

（三）建立贯通培养机制

为一线运动员开通小升初、初升高以及进入高等院校的绿色通道，保障运动员的专业技能得到持续培养和发展。

二、深化体教融合，切实加强组织保障

（一）加强组织领导

区委、区政府加强总体谋划，区教委、区体育局等相关部门建立联席会议制度，健全统筹协调机制。

（二）加强经费保障

统筹地方财政和社会资金，支持和发展青少年体育品牌项目建设，每年投入上千万专项资金，保障运动员日常训练、高层次培训和各级竞赛等费用开支。

（三）加强制度保障

完善《一线运动员管理办法》《重点运动员升学制度》《重点运动员跟踪制度》等制度体系，为一线运动员在生活、训练、升学等方面提供保障，促进品牌项目梯队建设制度化、规范化。

三、深化体教融合，品牌建设成效显著

（一）品牌项目人才辈出

大渡口区为重庆市和国家输送了一大批优秀运动员，培养了多名全国冠军和世界冠军。近 10 年来，横向为国家队、专业队、市运动校、职业足球俱乐部输送优秀体育后备人才 100 余人。纵向为高等院校培养 300 余名运动员。

（二）体育赛事成绩喜人

"十三五"期间，大渡口区学生获得国际级、国家级、市级体育比赛共计近 400 个团体冠军和个人项目金牌。

（三）基地建设日益壮大

大渡口区多所中小学被认定为体育后备人才基地，被评为体育特色学校。大渡口区被国家体育总局授予"国家高水平体育后备人才基地"称号。

第四章 体教融合背景下重庆市校园轮滑推进策略与路径

轮滑运动作为新兴体育运动项目之一，具有趣味性、花样性、健身性等特点，深受青少年的青睐，对青少年的各方面素质发展都具有积极作用，是一项非常适合青少年的运动，对提高青少年身体素质发展具有重要的价值意义。重庆市在"双减"政策和轮滑列入新课标的背景下结合"体教融合"，整体融合推进校园轮滑发展。本章主要介绍体教融合背景下重庆市校园轮滑推进策略与路径，包括重庆市校园轮滑（滑板）发展现状、体教融合示范案例展示、体教融合背景下重庆市校园轮滑推进策略三部分内容。

第一节 重庆市校园轮滑（滑板）发展现状

我国的体育体制为国家机关、企事业单位组织制度，是国家组织管理体育的各种机构、各种制度、各种准则的总称。

体育体制根据主导组织参与不同，分为社会组织主导型（如美国、德国）、政府和社会组织结合型（如英国、日本、韩国）和政府主导型（如朝鲜，古巴）三种形式。

2002 年 7 月 22 日，中共中央国务院关于进一步加强和改进新时期体育工作的意见中第五条提出：继续深化体育体制改革，促进运行机制转换。为适应社会主义市场经济的发展，深化我国体育管理体制改革势在必行。要明确政府和社会的事权划分，实行管办分离，把不应由政府行使的职能转移给事业单位、社会团体和中介组织。体育行政部门要把工作重点转移到贯彻国家方针、政策，研究制定体育行业政策和发展规划，依法加强行业管理和提供服务上来。

深化运动项目管理体制改革，提高规范化管理水平。要按照责权统一的原则，进一步明确各级体育管理部门的职责，处理好相互之间的工作关系。各运动项目管理单位要加强自身建设，建立健全科学的工作机制和合理的规章制度，分期分批进行单项协会实体化改革。

重庆市轮滑协会积极推进体育工作运行机制的转换，深入实际，研究新情况，解决新问题，加快制度创新、管理创新，建立有利于竞争协作和灵活高效的运行机制。并且努力开发体育无形资产，加强对商业性赛事的管理，大力发展体育产业，积极拓展体育市场，不断增强体育发展的动力和后劲。

协会引导和鼓励规范区县、学校、联盟和俱乐部各类赛事市场化运作。鼓励社会力量投资赛事，举办各类体育赛事，创建自主品牌赛事。由政府举办的公益性赛事原则上采取购买服务方式办赛，逐步将政府购买服务方式推广到社会主体举办的商业性和群众性体育赛事，允许赛事所有权归企业或区县体育协会。鼓励轮滑品牌商或者销售代表向组织、承办体育赛事的市场主体提供技术、规则、器材等方面的指导和服务。实施体育赛事评估制度，对引入赛事进行前期遴选评估和后期绩效评估，确保赛事实现经济效益和社会效益有机统一。加强赛事举办、事中事后监管，完善体育赛事和活动安保服务标准，推进安保服务社会化，进一步优化赛事举办环境，降低赛事和活动成本，防范办赛安全风险。

协会在发展中，要不断完善机构设置、制度修改和组织实施。听取建议，不断革新，对优秀的轮滑从业者和爱好者进行考察和聘用，提升协会生命力。建立常态化的管理和服务机制，加强对体育培训机构的监管，规范培训市场经营秩序，推动轮滑项目广泛开展和良性发展。以重庆市轮滑协会为例，重庆市各区县轮滑发展不同，区县轮滑协会成立、申请、筹备和发展均存在差异，区县轮滑协会和轮滑联盟是重庆市轮滑发展的重要组成主体。区县轮滑协会和轮滑联盟开展具体配合工作，各类各级竞赛活动的参与，轮滑公益活动进校园、社区，轮滑产业峰会组织与实施，是协会协同发展中重要的组成部分。如果上级协会没有下级协会或者大型俱乐部的支持，则很难达到一定宽度与高度的轮滑运动推广普及，营造轮滑浓厚的氛围。只有营造浓厚的轮滑氛围，才可普惠和反馈地方协会和俱乐部，相互依存，协同前行。

重庆市校园轮滑（滑板）由重庆市轮滑协会负责推广和发展，该协会成立于1997年10月，业务主管部门为重庆市体育局，负责轮滑组织和竞赛活动，开展科研和宣传工作。据《重庆市轮滑协会章程》，其主要有如下业务范围：组织广大群众，特别是青少年参加轮滑运动，增加人民体质，提升技术水平，并通过活动进行思想教育，树立良好的道德作风；组织竞赛训练，竞赛及组队集训出席全国比赛；组织轮滑运动的科学研究和宣传工作；组织本项目教练员、裁判员和体育指导员的学习、培训和考核，并协助有关部门做好职称评定；协助有关部门搞好轮滑场地规划，建设和管理工作；开展轮滑运动知识，技术咨询工作。

2012 年后，重庆市轮滑协会在重庆市体育局指导下推广轮滑项目效果显著。具体如下：由重庆市体育局、重庆市直机关工委、重庆市总工会主办，全面展示重庆市群众事业发展成就，推广重庆市群众体育活动蓬勃发展，举办一年一度的"全民健身运动会轮滑比赛"，在沙坪坝区、黔江区、南岸区和秀山等区县相继举办七届，搭建赛事平台，推广项目在重庆市各区县的发展。

与重庆市教育委员会联合主办重庆市大中小学轮滑比赛，从 2012 年 15 所学校参赛发展到 2017 年 107 所学校、827 名运动员参赛，以"轮滑校园行，协作促共赢"为主题的轮滑校园行活动，在市体育局和市教育委员会指导下，重庆市轮滑协会有序开展各类竞赛活动。具体如下：

（1）连续承办 5 届重庆市全民健身运动会轮滑比赛。

（2）连续承办 5 届重庆市大中小学轮滑比赛。

（3）连续承办 5 届重庆市"舞渝轮比"大赛。

（4）连续承办 4 届重庆市轮滑市队选拔赛。

（5）承办 3 次西南区轮滑大奖赛或者联赛。

（6）承办 3 届重庆市轮滑公路赛。

（7）承办 3 次西部动漫节轮滑比赛。

（8）全运会轮滑比赛 1 次。

重庆市轮滑协会结构逐步完善，为进一步完善重庆市轮滑协会组织机构，更好地为重庆轮滑推广和发展服务，重庆市轮滑协会组织机构分为裁判专业委员会、校园轮滑委员会和专项工作委员会（速度委员会、自由式委员会和轮滑球委员会），采取自主报名、公开演讲和现场投票竞选的方式产生，具体工作职责选举后确定，校园轮滑和滑板项目由校园轮滑委员会负责。

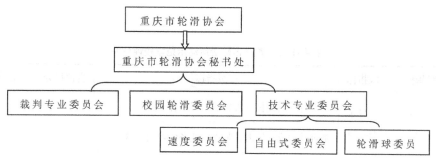

图 4-1-1　重庆市轮滑协会第三届委员会机构示意图

重庆市轮滑协会在全国率先推广"轮滑技术等级考核"，由协会制定的考核实施办法——《重庆市轮滑运动技术等级考核实施办法（试行）》被重庆市体育局采纳，并得到中华人民共和国知识产权局认可。

为进一步贯彻落实《中共中央国务院关于加强青少年体育增强青少年体质的意见》（中发〔2007〕7号）和《全民健身计划》精神，根据轮滑活动的特点，推动校园轮滑发展，与重庆市学生协会合作推进"重庆市轮滑运动示范学校"评选制度。案例如下：

《重庆市轮滑协会、重庆市学生体育协会关于评选重庆市轮滑运动示范学校的通知》中的附表意义很大，均通过专家研讨后形成，重庆市体育局、重庆市教育委员会在协会执行中给予其肯定和认同，在评选中确实有效地推动轮滑发展。

该通知附件表格如表4-1-1、表4-1-2所示。

表4-1-1　重庆市轮滑运动示范学校申报表

学校名称			
联 系 人		手　机	
电　话		传　真	
电子信箱		邮　编	
通讯地址			
场地器材情况			
经费投入情况			
活动开展情况			
参与人员情况（教师人数，学生人数）			

（学校章）　　　　　　　　　　　年　　月　　日

表4-1-2　重庆市轮滑运动示范学校评分表

一级指标	二级指标	三级指标	自评得分	备注
管理情况20	校领导重视程度8	是否有一名校长分管轮滑项目工作5		
		是否鼓励或为轮滑教师提供业务学习机会3		

续表

一级指标	二级指标	三级指标	自评得分	备注
管理情况 20	经费保障 7	每年用于训练竞赛的经费是否能够满足教练员和运动员的需要 2		
		轮滑项目的经费的主要用途是否开展轮滑活动或购买器材装备 3		
		教练员课余训练竞赛是否有补贴 2		
	管理制度与办法 5	是否对教练员的日常工作进行定期检查 1		
		是否有轮滑项目的长期发展规划 1		
		轮滑项目的工作业绩是否纳入年终考核内容 2		
		竞赛获奖运动员、教练员学校是否给予额外奖励 1		
硬件设备状况 20	场地 9	学校是否有一块专门用于轮滑训练的场地 3		
		学校的轮滑训练场地是否达标 2		
		教练员认为是否能够满足日常教学训练及比赛的需求 2		
		运动员认为是否可以满足日常比赛训练的需要 2		
	器材 8	是否能够达到参训运动员人均一双轮滑鞋的标准 4		
		教练员认为是否能够满足日常教学训练及比赛的需求 2		
		运动员认为是否可以满足日常比赛训练的需要 2		
	装备 3	学校是否为教练员及运动员配发训练及竞赛服装 2		
		是否为运动员配发轮滑鞋 1		
师资队伍 20	体育教师情况 8	学校轮滑专职教练员与学校体育教师的比例 8		
	专职教练员情况 12	学校是否有外聘轮滑教练员 1		
		学校是否有专职轮滑教练员 2		
		校内轮滑教练员是否有专业训练经历 4		
		校园轮滑教练员的级别 5		

续表

一级指标	二级指标	三级指标	自评得分	备注
教学训练情况 10	教学校训练时间安排 4	轮滑项目参训学生每周四否有三次以上的课余训练 1		
		每次训练的时间是否达到一个半小时以上 1		
		是否充分利用双休日、节假日、寒暑假组织训练活动 1		
		是否利用体育课教授轮滑教材 1		
	教学训练内容与质量 6	教练员是否有年度、阶段、周训练计划 3		
		校领导对于专职教练员的训练工作是否满意 1.5		
		在训练运动员对于教练员的训练水平是否满意 1.5		
竞赛情况 10	组织情况 6	学校是否建立轮滑竞赛的组织部门或负责人 2		
		学校是否每年举办一次以轮滑项目为主的校运会 1		
		学校是否经常开展年级、班级间轮滑 1		
		是否积极联系开展校际间的轮滑项目比赛 1		
		是否积极参加上级部门组织的轮滑联赛 1		
	竞赛成绩 4	学校轮滑代表队在最近参加各级轮滑比赛是否获奖 2		
		教练员或运动员个人在最近参加各级轮滑竞赛中是否获奖 2		
队伍建设与轮滑氛围 10	运动队建设 5	学校招收轮滑特长生是否有优惠政策与措施 3		
		学校是否有至少一支轮滑运动训练队伍 2		
	校内轮滑气氛 4	学校是否经常在校内对轮滑运动进行各种推广和宣传工作 2		
		班主任及其他教师对于学校轮滑活动的开展是否支持 2		
	校外影响因素 1	在校学生家长对于孩子参加足球训练是否支持 1		

续表

一级指标	二级指标	三级指标	自评得分	备注
输送情况 10	升学 6	校、年级或班级队轮滑运动员的升学率 6		
	专业 4	学校四年中是否向上级单位直接或间接输送轮滑后备人才 2		
		学校是否与某家轮滑俱乐部建立关系或签订人才输送条约 2		
合计				
备注：凡自评分达到 85 分及以上的学校才具备申报资格。				

中国轮滑协会和中国大学生体育协会主办阳光体育"轮滑神州"校园行活动，鼓励学校申请"中国轮滑运动示范学校"，各省份积极参加，有些地区没有通过省市区教育和体育部门而直接上报，失去了中间相关职能部门或者地方协会对学校轮滑活动开展的掌握和对接工作，因此，重庆市轮滑积极鼓励学校报名参加时需通过"重庆市级轮滑运动示范学校"的命名后才推荐至中国轮滑协会。对地方的学校轮滑开展，首先是掌握和了解具体开展现状，在教育委员会和体育局领导下有序开展。其次协会鼓励俱乐部参加校园轮滑推动工作，形成协同发展的模式，在协同中前行。最后，重庆市轮滑运动示范学校评分表对于学校完善轮滑运动课程建设和推动具有指导性意义，根据评分表指标规范和完善轮滑开展指导体系。

重庆市校园轮滑（滑板）发展现状按照项目发展具体如下：

一、滑板

2017 年全国滑板锦标赛暨全运会滑板项目预选赛于 2017 年 6 月 9 日至 11 日在南京市龙江体育馆、南京鱼嘴体育公园举行。此次比赛由国家体育总局社会体育指导中心、中国轮滑协会、江苏省体育局主办，由江苏省社会体育管理中心、江苏省轮滑协会、南京市体育局承办，由南京市龙江体育运动学校、南京市滨江公园管理处协办。来自全国 26 个省、自治区、直辖市代表队的 159 名参赛运动员将经过两天比拼，争夺男、女 4 个单项的 15 个决赛资格。本次比赛具有三大特点：一是作为全运会预选赛，改个人报名为团体报名，以省、自治区、直辖市为单位，组队参加比赛；二是突出"群众性比赛项目群众参与"的特点，凡本届全运会竞技比赛项目在全国单项体育协会有过注册记录的运动员都不得参加报名；三是以户籍、入伍、学籍所在地为准，确定报名资格，真正体现比赛的公平、公正。重庆轮滑代表队滑板项目派出 4 名选手参赛，主要以学习为目标，通过参赛了解全国滑板运动发展情况和趋势。现在重庆市滑板项目以九龙坡渝西中学为代表，积极探索滑板项目体教融合的发展（图 4-1-2）。

图 4-1-2 全运会重庆市轮滑代表队滑板参赛选手

二、轮滑冰球

第十三届全运会首次设立轮滑冰球项目，男子轮滑冰球预赛从 2017 年 7 月 19 日开始，首次参赛的重庆队与北京队、内蒙古队、湖北队、山东队分在了一组。根据赛程，获得小组前四的队伍可以杀进决赛。经过努力拼搏，以重庆第二师范学院轮滑冰球队为班底的重庆队最终杀进了决赛，创造了历史。经过激烈的决赛阶段，重庆队以 5：2 战胜湖北队，获得第八名，湖北队获得第九名。年轻的重庆代表队斩获前八，比起一些冰雪大省参赛队或者拥有不少专业冰球选手转项而来的对手，重庆队给人们带来了惊喜。

为参加本届全运会比赛，重庆队赛前进行了充足的战术和思想上的训练。全运会轮滑冰球比赛的赛程和规则发布之后，队员们按照章节制作了详细的幻灯片来进行介绍与解读，全队人员共同进行了认真系统的学习，并在赛前进行了为期 15 天的集训，保证饮食、住宿和训练的统一性。

笔者作为重庆市轮滑协会秘书长，对于"轮转冰"有着自己的实践和感悟："在 2022 年北京冬奥会申办成功的带动下，'三亿人参加冰雪'的目标正在逐步实现。同时，在备战冬奥会的背景下，怎样实施'轮转冰'和'跨项选材'是值得我们认真思考的问题。由于地理环境的因素，重庆没有那么多'冰'，所以我们只能先上'轮滑'，再通过'轮转冰'来带动大家参与冰雪运动的热情。这支队伍可以算是第一批探路者。"

对于项目今后的发展，笔者认为，重庆市可从两个方面着手，将项目推广工作进行有效的延伸。一是赛事推广，通过体育局和教育局组织赛事来对轮滑冰球项目进行推广；二是进校园，通过学校来发展运动项目来培养优秀运动员，组建队伍。对于下届全运会的展望，作者希望这支队伍的人员和作风都能够继续保持，争取还能够再次登上全运会的舞台，为这个项目的发展做出贡献（图4-1-3）。

图4-1-3　重庆轮滑队参赛全运会轮滑冰球项目

三、自由式轮滑

第十三届全运会的一大突出亮点就是首次增设群众比赛项目，囊括了舞龙、龙舟、攀岩、围棋、象棋、国际象棋、桥牌等19个适合不同年龄段并且在群众中普及度较高的项目，让更多的选手也能参与到全运会中来。其中，有三个决赛项目在天津以外的城市办赛，轮滑决赛就于2017年8月18日在南京龙江体育馆举行。本次比赛中，有来自全国25个省、自治区、直辖市及香港特别行政区的代表队共111名运动员参加2017年8月12日、13日比赛，其中滑板60人、自由式轮滑51人，参赛运动员均为各省区市选拔出来的队员。在举行的轮滑决赛女子组花式绕桩项目中，重庆队员冯辉以流畅的舞姿和突出的表现，在12位选手中脱颖而出，为重庆群众项目夺得1枚银牌，这也是重庆轮滑史上的第一枚全运奖牌。另外，张翎稀获得女子组速度过桩第五名，在2021年全运会轮滑比赛中获得第二名（图4-1-4）。

图 4-1-4　全运会重庆轮滑队自由式轮滑

四、轮滑阻拦

轮滑阻拦，又称为轮滑德比（Roller Derby），是一项在椭圆形平面轨道上进行的集速度、对抗、阻拦、闪躲于一体的团体体育运动。这项运动结合了轮滑、摔跤与橄榄球的元素，具有对抗性和团体合作性，是一项竞技性的轮滑运动，规则简单，比赛方式刺激。轮滑阻拦运动有助于增进身心健康，促进人体新陈代谢，提高心肺功能，增强团体意识，培养坚毅顽强的意志品质。轮滑阻拦至今已经在全球有 1250 多个联盟，一度风靡于 19 世纪 30 年代的美国、欧洲、澳大利亚等西方国家。

轮滑阻拦最早起源于速度轮滑场地弯道马拉松比赛，由塞尔茨（Seltzer）组织的第一场比赛开始于 1935 年 8 月 13 日，举办地点为美国芝加哥体育馆。在第一场比赛，美国全国各地有着 20000 多的观众来观看，比赛内容是 25 个由一男一女组成的两人小队在一条平坦的赛道上滑行 57000 圈，每天滑行 11 个半小时，全程 3000 英里，即洛杉矶和纽约市之间的距离。如果两名队员在滑行时都偏离了赛道，那么他们就会被取消参赛资格。16 支球队因伤病或精疲力竭而退出比赛，但仍有 9 支球队完成了比赛，获胜的队伍克拉丽斯·马丁（Clarice Martin）和伯尼·麦凯（Bernie Mcka）在比赛的最后 11 天保持领先。

在首场比赛取得成功后，塞尔茨在全美国举行了类似的比赛。最初的轮滑德比和当今的比赛形式相差很大，仅是一种耐力型的速度轮滑比赛，但是达蒙·鲁尼恩（Damon Runyon）提出了变革性的创新，极大地提高了轮滑德比赛事的观赏性，加快了其推广速度，这次变革意味着轮滑阻拦赛和速度轮滑正式分道扬镳。

2018年丽水全国全项目轮滑锦标赛，作为我国首场轮滑阻拦成年女子赛意义非凡，轮滑阻拦项目首次在国内进入了大家的视野，走进了轮滑人的世界。2018年10月徐州全国中学生轮滑锦标赛暨全国小学生训练营成为全国校园轮滑人轮滑阻拦项目竞技场上的"第一站"，对全国校园轮滑阻拦在青少年的普及推动和深化开展过程中，具有与时俱进的深远意义（图4-1-5）。2018年11月第六届中国（武夷山）国际轮滑节亦顺利举行（图4-1-6）。

图4-1-5 2018年10月徐州全国中学生轮滑锦标赛暨全国小学生训练营

图4-1-6 2018年11月第六届中国（武夷山）国际轮滑节

在2019年北戴河第15届国际轮滑节暨全国轮滑阻拦公开赛北戴河站中，越来越多的青少年加入了和轮滑阻拦共成长的行列。同时，本次比赛是首支中国轮滑阻拦国家队的选拔赛，也选拔出了一批优秀的运动员（图4-1-7）。

图 4-1-7　第 15 届国际轮滑节暨全国轮滑阻拦公开赛北戴河站

2019 年 7 月，世界轮滑锦标赛经过紧张的选拔，由约 40 位来自全国各地热衷轮滑的阻拦人首次组建了轮滑阻拦男队和女队。在首场世界级别的竞赛中，中国轮滑阻拦男队和女队分别荣获世界第五名的优异成绩（图 4-1-8）。

图 4-1-8　2019 年 7 月世界轮滑锦标赛

2019 年 7 月丽水全国全项目轮滑锦标赛增设了青年组。以黄山学院为代表的女子青年组，在本次比赛中，向中国轮滑阻拦女队发起了挑战，在终场对决中，虽然因几分的劣势以亚军的成绩收官，但是通过本场比赛，充分展现了青年群体对轮滑阻拦项目的热衷和坚持（图 4-1-9）。

图 4-1-9　2019 年 7 月丽水全国全项目轮滑锦标赛

在 2019 年全国青少年轮滑锦标赛中，来自江苏睢宁和安徽合肥的代表队分别摘得本次大赛的 U8 组别、U12 组别的冠军，史上第一支轮滑阻拦青少年的"冠军队伍"由此诞生。2019 年全国轮滑阻拦公开赛北京站，来自全国近 10 个省市的代表队参与了本场竞赛，安徽队首次夺冠（图 4-1-10）。

图 4-1-10　2019 年全国轮滑阻拦公开赛北京站

2019 年全国轮滑阻拦公开赛重庆站，来自全国各地的 49 支队伍参与了本场竞赛。这是参赛队伍最多、组别最精细的一次大赛。轮滑阻拦经过两年国内的推广，全国普及度直线飙升（图 4-1-11）。

图 4-1-11　2019 年全国轮滑阻拦公开赛重庆站

2019 年全国轮滑阻拦公开赛总决赛广州站，来自安徽、北京、广东、江苏、山西等全国各地市的代表队参与了本次大赛。你争我夺、奋勇争先，精彩的竞赛过程展现了轮滑阻拦人的最高技术水平，同时也赛出了轮滑阻拦人敢打敢拼、团结一致的运动精神。2020 年全国轮滑阻拦公开赛迎来了西藏代表队，藏族同胞成了轮滑阻拦大家庭的一分子。

2020 年全国轮滑大联动安徽站，大赛规模大，各项目参赛选手约千人，轮滑阻拦在本次大赛中格外"耀眼"（图 4-1-12）。

图 4-1-12　2020 年全国轮滑大联动安徽站

重庆轮滑阻拦发展在国内排名靠前，其中体教融合的代表为鱼洞中学。鱼洞中学与重庆市轮滑协会协同推进，该校轮滑队在 2019 年中国中学生轮滑锦标赛暨全国小学生轮滑训练营总决赛中首次夺得轮滑阻拦中学女子组的全国性大奖（图 4-1-13）。

图 4-1-13　鱼洞中学轮滑队

第二节　体教融合示范案例展示

重庆市轮滑协会深入贯彻党的十九大精神，全面落实全国教育大会精神，切实执行《国务院办公厅关于强化学校体育促进学生身心健康全面发展的意见》的有关要求，落实体教融合实施意见，丰富体育教学活动内容，提升和推进青少年运动发展，传播积极健康的生活方式，不断提升学生体质健康水平，与重庆市近50 所学校进行体教融合，共同推进校园轮滑（滑板）运动，其中有 6 所学校因轮滑（滑板）获得教育部"全国青少年校园冰雪运动特色学校"授牌，1 所学校获得"中国轮滑运动示范学校"称号，1 所学校获得"重庆市青少年滑板运动示范学校"称号，1 所学校获得"重庆市体育局共建高水平滑板队"称号。具体成功案例如下：

一、重庆市鱼洞中学

教师情况：教师 158 人，体育教师 10 人，兼职教师 2 人，冰雪教师 2 人。

学生情况：全校共 41 个班，4 个年级，学生 2000 人。

冰雪场地情况：1000 平方轮滑冰球地板球场 1 个、真冰球场 1 个。

学校类型：高中。

荣誉：全国青少年校园冰雪运动特色学校。

主要工作做法与特色：全面开展《国家学生体质健康标准》测试工作，按照体育与健康课程标准及有关规定开展体育教学并创新体育选课走班模式，组建重庆市第一支女子轮滑球队。将轮滑球纳入学校发展规划和年度工作计划，并严格执行，学校为轮滑冰球队配备了专业的教练，组织专业的训练，制定了详细的训练计划。学校成立由校长、办公室、后勤处及体艺组以及重庆市轮滑协会共同组成的轮滑队工作领导小组，由学校校长负责，定期召开专门会议，由重庆市轮滑协会指导轮滑球队工作开展。学校专门制定校园轮滑球队工作组织实施、招生、教学管理、课余训练和竞赛、运动安全防范、师资培训、检查督导等方面的规章制度和工作制度，并不断完善奖励办法。

学校在市体育局和区体育局的支持下，与重庆市轮滑协会建立了合作关系，由市轮滑协会委派专业教练到校指导选拔、队伍建设和日常训练。此外，该校还为轮滑球队配备了专门的体育教师以督促日常训练和队伍管理，并积极安排学校教师外出参加轮滑球相关培训。轮滑球队教练按学时计入工作量，各项待遇均与其他科目教师等同。不仅如此，学校为轮滑球项目设立专项资金，并纳入学校年度经费预算，为师生购买运动险。此外，2019年，在操场修建了轮滑球专业训练场地，保证了轮滑冰球队的日常训练。寒假期间，每天在华熙 LIVE 鱼洞 HI—ICE 冰乐园训练半天"真冰"。

"让每一个学生健康发展"一直是学校坚持不变的理念，学校将以轮滑球队作为立德树人的载体，积极推进素质教育，普及奥林匹克知识，落实奥林匹克教育计划，促进学生全面发展，改善学生体质健康。学校在保证正常教学的情况下，分时段选择轮滑冰球场地开展集训，每天下午放学训练 2 小时，周日训练全天，同时灵活安排学校体育选课走班，以提高学校女子轮滑球队训练质量，打造出一支高水准的轮滑球队伍。

"美洲狮杯"中国轮滑球联赛（重庆站）于 2019 年 4 月 19 日至 21 日在重庆市江南体育馆举行。学校派出两支女子轮滑冰球队参与了此次比赛，经过激烈的角逐，一举斩获亚军、季军。重庆市鱼洞中学校女子轮滑冰球队于 2019 年 1 月 16 日正式成立，目前有 29 名运动员，由初三、高一、高二的学生组成。这是巴南区成立的首支女子轮滑冰球队，同时也是重庆市首支女子轮滑冰球队。学校在校内修建了一个 1000 平方米的轮滑球地板，让女子轮滑冰球队能够在更有利的条件下得到提升训练。冰球队在成立这么短的时间内能取得如此佳绩，离不开同学们的艰苦努力，离不开老师、学校、家长及市区体育局的支持与帮助。

学校根据轮滑冰球队的后续需要，设置了体育选课走班制，广纳有意愿、感兴趣的学生参与其中，学习轮滑冰球知识及技能，为队伍增加新鲜血液。专业教练根据队员实际情况量身定制了训练计划，逐步提高训练水平，同时积极组织校内、学校之间的比赛。该校女子轮滑冰球队代表重庆出战在山西举办的第二届全国青年运动会"冰球与轮滑"项目（图 4-2-1）。

图 4-2-1　鱼洞中学轮滑队日常训练

　　在高一年级开设《轮滑球转冰球》课程，建设完善开发训练场地，购置训练设施。在学校体育比赛活动中设置轮滑项目。在全校范围内推广、普及、发展冰球运动。选拔、培养优秀轮滑冰球运动员，由本校高中学生及其他学校推荐的优秀轮滑学生组建学校"滑冰运动队"，常年坚持训练，参加国家及市区组织的"轮滑冰球运动"比赛活动，争取获得市级及国家级奖项，积极开发特色冰雪项目，走多元化特色发展道路。

　　携手重庆市轮滑协会共同谱写体艺教育特色建设，鱼洞中学秉承"让学生成才，让家长放心，让社会满意"的办学宗旨，坚持"让每一个学生健康发展"的办学理念，确立以学生为中心的发展思想，实施"五个全面"战略布局，全面实施素质教育，以落实体艺课程、强化体艺活动、优化体艺师资等方面为着力点，高起点谋划，高标准要求，高质量推进，大力推进"体艺特色 +"，形成了"大体艺教育"的工作格局，绘就了"体艺双馨"的鱼中蓝图，成就了孩子的精彩人生，学校被教育部命名为"全国青少年校园冰雪运动特色学校"。为了加强体育后备人才培养，提高竞技体育运动水平，保障学校体育事业繁荣发展，鱼洞中学确定"校企合作是体育特色闪光点，校校联姻是体育特色关键点"的专业发展思路，给体育突出的特长生提供专业指导、专属定制、科学训练。梯队建设是可持续发展的保障，鱼洞中学与莲花小学、区实验中学等形成"小学—初中—高中"一体化梯队培养模式，与西南大学、重庆第二师范学院、武汉体院等形成友好互动，打通了高水平运动员培养的最后一公里。

二、重庆市开州区特殊教育学校

教师情况：教师 48 人，体育教师 2 人，兼职教师 2 人，冰雪教师 1 人。

学生情况：全校共 15 个班，聋生 1 至 9 年级，9 个班；培智生 1 至 8 年级，6 个班；全校学生共 189 人，其中男生 119 人，女生 70 人。

冰雪场地情况：1100 平方米轮滑冰球地板球场 1 个、300 平方米冰壶场 1 个。

学校类型：9 年一贯制学校。

荣誉：全国青少年校园冰雪运动特色学校。

主要工作做法与特色：为贯彻《国务院办公厅关于强化学校体育促进学生身心健康全面发展的意见》和关于残疾人事业和冰雪运动发展的重要指示，深入落实党的十九大和中国残联七代会精神、《冰雪运动发展规划（2016—2025 年）》的有关要求，助力 2022 年北京冬残奥会、展示新时代我国残疾人事业发展成果和残疾人在全面建成小康社会决胜阶段昂扬向上的精神面貌，推动"三亿人参与冰雪运动"，提高校园冰雪运动普及水平，丰富体育教学活动内容，倡导积极健康的生活方式，不断提升学生体质健康水平，丰富课余文化生活，提高残疾学生运动素质和健康水平，以促进冰雪运动的发展和普及为指导思想；以推广普及冰雪运动，促进冰雪运动进课堂，发展提高冰雪运动技术水平，培养一支优秀的轮滑运动队和冰壶运动队，带动残疾人运动水平，进一步推进重庆市开州区残疾人健身体育服务。力争建设成区级乃至市级"轮滑运动"或"冰雪运动"特色学校。

（一）开州区特殊教育学校办学条件完善

开州区特殊教育学校现有占地面积 11200 平方米，校舍建筑面积 9130 平方米（专门的 3000 平方米塑胶操场，体育专项训练室 2 个，面积 300 平方米），教学及教辅用房、办公用房、学生宿舍、食堂餐厅、生活用房、后勤服务等校舍用房基本配套，设施完善。校园环境优美，校舍功能分区合理，塑胶运动场宽敞漂亮。学校建有律动室、感统康复训练室、多感官教室、计算机教室、书画室、运动康复室、缝纫刺绣室、个训室、心理咨询室、美发室、糕点房、烹饪室、茶艺室等多个功能室。校园互联网、"班班通"全覆盖，教学、办公实现全面网络化。

（二）发展冰雪运动特色学校的有利条件及意义

开州区特殊教育学校在 2017 年 9 月组建了聋人轮滑队。近年来，轮滑运动集健身、休闲、娱乐于一身，是一项深受青少年喜爱的竞技、休闲体育运动。经过一年多的训练，聋哑儿童的轮滑技术大大提高，这项运动深得他们的喜爱。轮滑运动能提高残疾儿童的社会融入感，增强残疾儿童的自信心，非常值得在残疾群体中推广、发展和普及。

冰壶运动是一项具有悠久历史和传统文化的冰上运动项目，也是一项具有现代体育精神和高度技巧的团队竞技运动。该校于 2018 年 10 月成立了学生旱地冰壶运动队，现在正投入训练。

该校冰雪运动项目——轮滑和冰壶运动，得到市区残联、区教委高度重视，重庆市轮滑协会在技术上给予了大力支持。

鉴于以上几方面有利因素，该校决定以轮滑和冰壶为主申报冰雪运动特色学校。

（三）发展冰雪运动特色学校的工作现状

开州区特殊教育学校发展轮滑、冰壶运动特色的工作思路已得到各级领导及广大师生的普遍认可和支持，广大师生、家长思想认识得到了统一，已具备了发展"轮滑运动""冰壶运动"特色的思想基础。

学校为发展冰雪运动成立了相关组织机构，在场地、器材、人员、时间等方面提供了有力保障，冰雪运动在特殊教育学校有发展前景。经过了一年多的培养训练，在校内已发展了一批爱好轮滑、冰壶运动的骨干队员，已组建了一支 20 人的轮滑运动队，其中选拔了 6 名队员参加开州区举办的 3 公里轮滑马拉松大赛；组建了一支 10 人的聋生冰壶运动队，长年坚持训练。

"让每一个残疾学生健康发展"一直是学校坚持不变的理念，学校将以轮滑队和旱地冰壶队作为增强残疾学生身体素质的载体，积极推进素质教育，普及奥林匹克知识，落实奥林匹克教育计划，促进残疾学生全面发展。学校在保证正常教学的情况下，分时段开展集训，努力提高学校轮滑队和旱地冰壶队训练质量，培养了一支优秀的轮滑运动队和冰壶运动队。

（四）未来工作计划

开州区特殊教育学校未来三年工作计划，具体如下：

第一，在聋生部开设轮滑课，选拔、培养优秀轮滑运动员，在学校体育比赛活动中设置轮滑项目。在全校范围内推广、普及、发展滑冰运动。

第二，在聋生部和培智部分别组建学校聋人轮滑运动队、特奥轮滑运动队；长年坚持训练，参加市区组织的冰雪运动比赛活动。

第三，开设旱地冰壶课，选拔、培养优秀冰壶运动员，由聋生部和培智部组建学校聋人冰壶运动队、特奥冰壶运动队；长年坚持训练，参加市区组织的冰雪运动比赛活动。

学校冰雪运动轮滑和冰壶项目工作有的正在实施，有的正准备进一步发展，冰雪运动在学校尚处于起步阶段，许多工作及设备设施还不尽完善。但是，通过各方面努力，学校定能发展建设成为有一定水平、项目丰富的冰雪运动特色学校，为重庆市冰雪运动的发展做出积极贡献。

三、重庆市江津区特殊教育学校

教师情况：现有教师 22 人，其中专兼职体育教师 2 人，专兼职冰雪教师 2 名。

学生情况：现有 8 个年级 8 个班，其中聋教、培智各 4 个班，聋生 39 人（男 19 人、女 20 人），培智 52 人（男 31 人、女 21 人）。

冰雪场地情况：室内冰壶场地一块，面积为 85 平方米；体能训练室一间，面积为 120 平方米；室外专用场地一块，面积为 310 平方米。

学校类型：9 年一贯制学校

荣誉：全国青少年校园冰雪运动特色学校

主要工作做法与特色：重庆市江津区特殊教育学校为进一步丰富学校特殊学生课业活动，与重庆市轮滑协会共同推动体教融合，培养学生兴趣，进行缺陷补偿、优势教育，提高自信心，为将来走向社会奠定基础，以轮滑为特色，申报校园冰雪运动特色学校。

（一）学校基本情况

重庆市江津区特殊教育学校成立于 2001 年，现位于江津区滨江新城陡石村，是集小学、初中为一体的九年一贯制特殊教育学校。学校先后被江津区委、区教工委评为先进基层党组织，江津区教育督导先进学校，荣获江津区"五一"劳动奖等。

学校现有 8 个年级 8 个班，学生 91 人，分为启喑和启智教学部。其中，启喑 39 人，启智 52 人；在编教职工 22 人，其中研究生 3 人，本科学历 14 人，市级骨干教师 1 人，区级骨干教师 2 人，全日制特教专业毕业教师 15 人。学校聘有保安、生活教师等后勤人员 7 人，可为残疾儿童提供细致周到的服务。

学校占地 14.26 亩，分为教学区、生活区、运动区，设施齐全，功能完善。近年来，学校师生求真务实、开拓创新，围绕"学会生存、学会生活、化残为才、回归社会"的办学理念，帮助一批批优秀初中毕业生通过高中阶段学习后升入大学，分别在天津理工大学、重庆师范大学、郑州师范大学、南京特殊教育学院等高校就读或毕业。

（二）学校体育工作基本情况

1. 师资力量

学校现有专兼职体育教师2名，重庆市轮滑协会委派兼职轮滑教师2人。体育教师整体的专业素养以及敬业精神受到校内校外同仁及领导的广泛好评。

2. 体育硬件设施

优秀的体育教师是学校开展体育教学工作的关键，完善的体育设施则是进行体育运动的保障。学校拥有室内场地一块，面积为85平方米；体能训练室一间，面积为120平方米；室外专用场地一块，面积为310平方米。另外，为培智生设置了康复室和训练室。

（三）可行性分析

学校作为全区唯一的一所特殊教育学校，认真贯彻落实针对残疾学生的各项教育政策。在进行文化知识教育的基础上，学校重视学生的补偿教育、优势教育，挖掘学生的潜力，与重庆市轮滑协会商议确定将冬季奥林匹克教育纳入学校的整体规划及校园文化建设之中，初步营造了校园轮滑（滑板）的氛围。

（四）发展路径

1. 建立健全组织机构

（1）成立领导小组

校长担任组长，分管副校长和重庆市轮滑协会专项委员会主任担任副组长，负责学校轮滑（滑板）工作的组织领导和监督检查，促进校园冰雪运动的普及与提高。

（2）建立联席会议制度

建立校园轮滑（滑板）运动工作联席会议制度，定期研究决定校园轮滑（滑板）运动工作的重大政策和发展事项，部署学校校园冰雪运动工作年度计划，审议学校校园轮滑（滑板）运动工作的规章制度、管理办法和经费预决算。

（3）建立选拔制度

在全校普及、全民参与的基础上，选派优秀教师参加专业培训与学习，根据学生的身体状况及运动技能，实行竞赛选拔机制，在聋生中选拔优秀运动员，推进校园轮滑（滑板）运动规范化建设。

（4）建立考核制度

建立健全校园冰雪运动特色学校年度工作考核制度，同时将校园冰雪运动教育纳入教师绩效、职称考评考核中，加强监督检查，促进校园冰雪运动持续健康发展。

（5）加强课程和训练保障

把校园冰雪运动纳入体育课程教学和课外体育活动，利用大课间、体育课、阳光体育课加强训练；组建不同年龄段、不同类别的校队，积极组织训练，进行补偿教育。

（6）提高教师专业素养

选派校园轮滑（滑板）运动优秀教师、教练员积极参加相关培训，到校园冰雪运动活动开展得好的省市学习，并通过校本培训、教研会、实地训练、赛事等方式不断提高教师专业素养。

2. 切实加大经费投入

学校对轮滑（滑板）运动教育上予以充足的人力、财力支持，保证其顺利长远的发展并不断完善。

3. 精心组织赛事

在重庆市轮滑协会指导下，学校坚持进行安全、小型多样、丰富多彩的活动，重在全体师生的广泛参与，以及增强运动的趣味性和感染力。

4. 加强冰雪运动文化建设

学校通过多种方式加强校园冰雪运动的宣传，培养体育精神，定期举行以冰雪运动为主题的口号征集、黑板报、手抄报、演讲、作文比赛等活动来传播和普及冰雪运动，让学生在运动中感受快乐，增强自信。学校创新宣传方式和途径，通过智慧校园、广播、电视、网络等，广泛宣传校园冰雪运动活动的先进事迹和典型经验，正确引导学校、学生、家长和社会参与和支持校园冰雪运动，营造良好的舆论环境和社会关注校园冰雪运动的浓厚氛围。

（五）未来工作计划

未来三年学校主要工作计划如下：

第一，完善校园基础设施建设，为冬残奥运动活动的开展提供必要的场所；建设所需场地，并根据学生实际情况采购体育运动开展所需要的相应器材。

第二，建设校园环境，通过专题栏等方式加强冬季奥林匹克体育运动的宣传；定期进行以冰雪运动为主题的黑板报、手抄报、演讲、作文比赛等活动。

第三，加强体教融合，师资培养，通过校本培训、外出学习的方式不断提高教师专业素养。

四、万州区特殊教育中心

教师情况：教师 49 人，专职体育教师 5 人，专项轮滑教师 2 人，社区辅导教师 4 人。

学生情况：班级 23 个、年级 12 个，学生 397 人、女生 144 人、男生 253 人。

冰雪场地情况：塑胶操场 1700 平方米，体育训练室 3 个，共 235 平方米。

学校类型：9 年一贯制学校

荣誉：全国青少年校园冰雪运动特色学校

主要工作做法与特色：万州区特殊教育中心创办于 1991 年。现有教学班 23 个共 397 名学生，其中聋哑学生 118 人、智障学生 279 人，贯穿学前、小学、初中和高中阶段教育。该中心是一所多层次、综合型的特教学校，为万州区适龄听力障碍、视力障碍和部分智力残疾少年儿童提供基础教育、康复训练、职业培训。

（一）指导思想及目标

万州区特殊教育中心提高校园冰雪运动普及水平，丰富体育教学活动内容，传播积极健康的生活方式，不断提升学生体质健康水平，丰富课余文化生活，提高残疾学生运动素质和健康水平，以促进冰雪运动的发展和普及为指导思想；以平稳起步，逐年发展，丰富内容，提高水平，发展骨干，带动全体为基本原则；以推广普及冰雪运动，促进冰雪运动进课堂，发展提高冰雪运动技术水平，培养一支优秀的轮滑运动队，带动残疾人运动水平，为进一步推进重庆市万州区残疾人健身体育服务，力争建设成市级乃至国家级"冰雪运动"特色学校为目标。

（二）办学条件完善

现有占地面积 11730 平方米，校舍建筑面积 6997 平方米（专门的 1700 平方米塑胶操场，体育专项训练室 3 个，面积 235 平方米），教学及教辅用房、办公用房、学生宿舍、食堂餐厅、生活用房、后勤服务等校舍用房基本配套，设施完善。

校园环境优美，校舍功能分区合理，塑胶运动场宽敞漂亮。建有律动室、感统康复训练室、计算机教室、书画室、康复室、缝纫刺绣室、特殊儿童言语康复训练室、心理辅导室、图书室、音乐治疗室、小超市、家政技能室等多个功能室。

教师队伍。现有在编在岗教职工 49 人，其中专技人员 46 人。专职体育教师有 5 人，兼职 2 人，社区体育项目指导员 5 人（游泳、乒乓球、轮滑、柔力球、田径），其中轮滑运动社会指导员 1 名。在师资力量方面，万州特教积极与重庆市轮滑协会探索体教融合之路，聘请优秀教练员与自己学校的教师"1+1"秉承默默坚守、无私奉献、爱岗敬业、争创一流的精神，用爱心、耐心、恒心、责任心为残疾儿童撑起了一片蓝天。

（三）发展轮滑（滑板）学校的有利条件及意义

万州区特殊教育中心在 2016 年组建了聋人轮滑队。经过一年多的训练，学员对轮滑运动的特点、技术等有了一定研究，深受残疾学生喜爱。学生经常从事这项运动，可以锻炼身体的协调性、灵敏性和平衡能力，提高心肺功能，培养勇敢、坚韧、顽强的体育精神。同时，轮滑运动能提高残疾儿童社会融入感，增强残疾儿童的自信心，非常值得在残疾群体中推广、发展和普及。经过一年多的培训，2018 年，万州特教在重庆市第八届全民运动健身运动会轮滑比赛中荣获 U12 团队冠军，这也是重庆市特殊教育学校目前最好的成绩。

万州区特殊教育中心具有丰富的体教融合经验，重视体育学生艺体教育发展。目前，该中心承接了重庆市特奥篮球、聋人足球、游泳队的管理训练工作，为重庆市硬地滚球、乒乓球、游泳队、篮球队输送多名优秀队员。该中心是万州区残疾人综合体育项目健身示范点，冰雪运动特色学校申报会进一步推动学校体育发展，辐射万州区残疾人体育健身活动。

万州区特殊教育中心的轮滑运动一直得到市区残联、区教委和市轮滑协会的大力支持，近两年的装备购置经费达十多万元，重庆市轮滑协会更是在技术给予大力支持（图 4-2-2）。

图 4-2-2　万州区特殊教育中心开展滑板运动

（四）发展路径

万州区特殊教育中心明确"体教融合"路线和工作思路，该工作思路已得到校领导及广大师生的普遍认可及支持，在学生及家长中已形成良好的舆论氛围，广大师生和家长思想认识得到了统一，具备了发展"轮滑运动"特色的思想基础。

学校已研究制定了体教融合工作组织机构，在场地、器材、人员、时间等方面提供了有力保证，冰雪运动在校内发展趋势蒸蒸日上。经过了两年多的培养训练，已在校内形成了一批校外和校内"1+1"师资骨干队员。

五、重庆市石柱县南宾小学校

为了丰富学生的课余生活，培养青少年拼搏进取、团结协作的体育精神，在学校校长张建华的大力支持下，学校党支部书记周代国亲自领导挂帅，石柱县南宾小学校于2015年3月成立了轮滑队。

由于地域限制，队伍成立之初，石柱县还没有一家正式的轮滑队伍，甚至人们对轮滑的认知还停留在模糊当中。没有专业教练，没有资金，甚至免费招收队员时学生及家长都不同意。在2018年暑期"三下乡"社会实践活动中，来自重庆第二师范学院体育教育专业的5位志愿者走进了石柱县南宾小学，和那里的小朋友一起见证轮滑球的魅力。同时，南宾小学积极探索体教融合，与重庆市轮滑协会携手推进校园轮滑，聘请重庆市轮滑协会推荐的优秀教练员前来任教，并在学校大力宣传和推广。

一分耕耘，一分收获，成功永远只属于有准备的人。经过一年多的训练，在2017年重庆市大中小学生轮滑比赛中，南宾小学轮滑球队一飞冲天，一举荣获重庆市第一名，并同时获得参加2017年鄂尔多斯全国单排轮滑球锦标赛资格，最终在全国锦标赛上获得第8名。

六、重庆南岸区上浩小学校

上浩小学于2015年引进校园轮滑这一新兴体育项目，让每一个上浩学生都学习并掌握了轮滑技能。上浩小学与重庆市轮滑协会、重庆第二师范学院签订"体育特色课程"研究横向课题，通过1～2年的孕育和培养，成为重庆市全市第一个将轮滑课程建设作为特色课程的学校，并结合市、区级课题，体教融合，把重庆市轮滑协会委派教练作为学校体育课程辅助教师，采用专业教练和学校体育教师共同执教的方式推动教学。3年多来，学校的轮滑运动蓬勃发展，被中国轮滑协会命名为"中国轮滑运动示范学校"。2018 年，上浩小学参加区教委举办的轮滑比赛获团体第一名，并包揽了速度轮滑项目所有单项冠军。学校相关负责人表示，将继续完善校园轮滑课程，积极践行体教融合，深入探索校园轮滑课堂教学模式，促进轮滑运动发展和青少年健康成长。

七、渝西中学

渝西中学创建于 1945 年秋，2001 年批准为重庆市联招学校，九龙坡区人民政府授牌为区重点中学；2005 年底创建为重庆市文明单位；2006 年 5 月，重庆市人民政府命名为"重庆市重点中学"；2008 年 12 月评为九龙坡区绿色学校。校园占地面积 226666 平方米，教学楼、科技楼配齐信息技术、图书、班班通等各类设施设备，是西部新城建设范围最大的寄宿制学校。现有 50 多个教学班，在校学生 2600 余人，在职教职工 227 人，高级教师 102 人，省市优秀教师、区十佳教师、市区骨干教师、市区学科带头人等 14 人。

"十一五"期间，学校的发展目标是巩固"创重"成果，内涵发展，打造特色，提升学校文化品质，建设学习创新型和谐校园，把学校办成教育品质优良、办学特色鲜明、人文精神浓郁的重庆市重点中学。

2022 年 4 月，渝西中学积极探索体教融合，与九龙坡区体育局、重庆市轮滑协会举行三方共建滑板基地签约仪式，这标志着重庆市青少年滑板训练基地正式落户渝西中学。滑板项目已经成为奥运会、亚运会、全运会的正式比赛项目。滑板训练基地的建成，将助力更多有梦想、有潜力的优秀人才走上更高、更大的舞台。

九龙坡区体育局、重庆市轮滑协会和渝西中学三方共同签订《共建滑板基地协议》。本着政府主导、学校参与、协会推动执行的原则，三方将协调各自资源，体教融合，共同努力。滑板运动是一项有潜力走向全国、走向世界的项目，打造滑板基地符合市、区竞技体育的发展需要，要抢抓机遇，打造特色，推动青少年滑板运动的普及与竞技水平的提高，培养高水平的运动员，为国家集训队（重庆）输送优秀后备队员，让重庆滑板运动更上一层楼，打造重庆竞技体育的新亮点。

渝西中学在体育方面一直坚持以体育人的有益探索与实践，成绩逐渐凸显。2022 年 2 月，学校被教育部授予"全国青少年校园足球特色学校"，被区教委、区体育局授予"重庆市七运会周期九龙坡区体育综合训练基地"称号。

第三节　体教融合背景下重庆市校园轮滑推进策略

一、科学技术促"体教融合"

物联网技术应用与体育器材设备开发应用相结合具有广泛的应用市场，如国民体质检测和学校学生体质健康测试的仪器，也是"体教融合"共同使用的体质健康测试仪器。但是，体质健康测试研究注重于学生体质健康测试服务体系的研究，而测试前端的仪器设备智能化却遭到了一定程度上的忽视，与智能化的软件系统形成鲜明的反差，不利于学生体质健康评价，基于物联网技术的学生体质健康测试设备智能化也成为亟待解决的问题之一。通过将物联网在体质健康测试设备上的应用，研发智能化测试设备，提高设备的精度，增强设备的智能化水平，达成与软件系统的无缝对接，优化和提升学生体质健康评价指标效能。

同时，随着时代发展，网络宣传、公众号订阅、媒体宣传等培训宣传方式多样化，行业、品牌商和轮滑俱乐部等培训机构通过宣传自己来吸引招收学员，从而产生利润实现盈利。通过了解培训机构的宣传方式，并从家庭的角度，获取培训机构资讯的渠道，为培训机构有的放矢地选择最佳的宣传渠道，增加家庭选择轮滑运动的信息获取，扩大招生，实现参与轮滑学员基数最大化。在轮滑、滑板竞技提升方面，以数据分析为手段，根据新周期变化趋势，及时广泛收集整理信息，对国际和全国优秀轮滑、滑板运动员的优秀和不足进行对比，提前做好预判准备，迅速调整备战方案，形成"参赛—对比—总结—反馈—提升"的轮滑、滑板运动员发展报告，通过科技和大数据评估机制促进运动员竞技能力的提升。

二、体育旅游促"体教融合"

轮滑运动已列入奥运会、亚运会和全运会比赛项目。2021年重庆市轮滑协会承办的全运会轮滑比赛是国内最高赛事平台。同时，重庆市多次举办"轮转冰"系列轮滑赛事和后备人才选拔。现在轮滑运动也被列入国家新的课程标准，学校必须开设轮滑课程，推动"体教融合"轮滑大发展。深化体育旅游促"体教融合"，加快推进国家体育旅游示范区创建，鼓励区县因地制宜开展——特色体育旅游，探索开展市级体育旅游示范城区的创建，持续培育一批川渝体育旅游精品赛事，以观赏性和参与性较强的运动项目为突破口，大力开展山地户外等为核心内容的体育旅游赛事活动。另外，加大体育与文化的相互促进。重庆市以轮滑等群众基础较好的运动项目为突破口，加大文化宣传和普及，更广泛地传播体育规则、体育精神和体育文化。重庆体育大力发展户外体育产业，让体育旅游＋轮滑赛事成为一种实实在在的成果。如 2022 年 8 月，在巫溪举办的"红池坝杯"重庆市首届露营篝火轮滑大赛，此次活动由重庆市轮滑协会、巫溪县文化和旅游发展委员会、巫溪县红池坝景区管委会、巫溪县盛景旅游发展集团有限公司主办，由重庆红池印象旅游有限公司、重庆恩智实业集团有限公司承办。红池坝作为中国南方第一大高山草场，拥有迄今为止全球高海拔地区最大最美的"云中花海"。碧绿无边的草场、百花齐放的草丛、翩翩起舞的蝴蝶、沁人心脾的天然氧吧以及欢声笑语的人群……这一切，都让这项精品赛事充满了无穷的魅力。这次比赛是红池坝景区打造的体育旅游与轮滑结合的赛事。

轮滑成为拉动校园体育热度的重要项目，作为学校必须开设的课程，进而推动了"体教融合"大发展。通过整合社会各方力量，群策群力，立足文化积淀，坚持创新发展，把露营篝火轮滑大赛做成年度的精品赛事，力争每一年让更多来自五湖四海的朋友都相聚在美丽、丰富的红池坝景区。然后，持续举办全国旅游篝火轮滑大赛，通过 2~3 年的品牌策略和沉淀，打造精品赛事，最终以品牌为核心，辐射整个产业链，产生衍生价值链，促进文旅经济和体教融合的整体高效发展。

重庆市体育局《关于印发重庆市体育产业发展规划（2016—2025 年）的通知（渝体〔2016〕424 号）》中提到完善公共体育设施，以推进体育基本公共服务均等化为目标，加强基层体育公共服务设施建设，因地制宜配备健身步道、篮球场、足球场、乒乓球场、网球场、轮滑场、室外健身器械、健身广场等设施，满足群众多样化的运动健身需求；深入挖掘竞赛表演市场潜力，促进赛事与市场融合，发展多层次、多样化的体育赛事活动，打造一批有影响力的国际性、区域性品牌赛事，形成独具特色的竞赛表演市场体系。早在 2017 年，国家体育总局社会体育指导中心、重庆市体育局和重庆市万盛经开区管委会在重庆万盛正式签订共建国家轮滑（滑板）集训队、训练基地合作协议，标志着全国首个国家级全项目轮滑赛训基地正式落户重庆，整合集中轮滑 12 个项目，全项目轮滑共设有花样轮滑、高山速降、轮滑回转、自由式轮滑、单排轮滑球、双排轮滑球、极限轮滑、滑板、速度轮滑、轮滑阻拦赛等 12 个小项。建立综合训练基地，这在全国尚属首例。这一基地未来将承担国家队训练任务，举办国际和国内全项目轮滑锦标赛和相关群众赛事，广泛开展项目培训与推广，还将面向大众开放，打造为以轮滑为核心的极限运动体育园区，集训练、竞技、表演、休闲、旅游等功能于一体。

三、商贸促"体教融合"

重庆融创茂是一个"商贸＋体育"代表性的案例，重庆融创茂是基于体育经济生态圈培育的业态缩影。以一个内在多元的购物中心——重庆融创茂，一个开放式主题乐园——重庆融创渝乐小镇，融创万达文华酒店领衔的酒店集群，以顶级秀场、超十万人大社区等多元化业态为载体，合力构成了这座庞大的重庆融创文旅城。位于重庆融创茂出口处的滑板公园，总占地面积达 2500 平方米，是西南首个国际 B 级专业滑板场，可满足多项国际级轮式运动赛事需求。这在很大程度上会为项目注入大量的体育客群——这是商业项目最为稀缺的强爱好关联性目的性客群，他们对相关场所具有高黏性和固定造访的刚需。加之跟随赛事诞生的不同造访节点，则为项目全时客群的导入，起到极佳的补充作用。从项目招商噱头到后期运营引流，这一场地的存在，在年轻客群的定向挖掘层面，都符合时下商业项目对业态创新的需求。当然，除了这个体育竞技生态圈中的"龙头"——滑板公园外，重庆融创茂里的雪世界、水世界、海世界等，和滑板公园的逻辑一样，都将用更多"专业赛事"的引进，来和细分客群实现消费对话，包括重庆融创茂雪世界配备的专业滑雪赛道、海世界规划的浮潜基地、1900 平方米超大穹顶中庭体育赛事共享中心，也将一一呈现。

四、社区联动促"体教融合"

社区联动促体教融合，北碚区复兴镇是重庆主城区，重庆大都市区之一，处在重庆市西北部。北碚区是市级风景旅游区、智力型清洁工业基地，西部第一个国家园林城区、全国绿化模范城市、国家环境保护模范区，获得了国家生态示范区、中国人居环境范例奖、全国首批国家可持续发展先进示范区等国家级荣誉，并被联合国人居环境署授予"迪拜国际人居环境良好范例奖"。北碚区拥有丰富独特的自然和人文旅游资源，其"山岳江河，温泉峡谷，溪流瀑布，奇葩异卉，展示了巴山蜀水幽、险、雄、奇的特色。"拥有国家 AAAA 级旅游景区 2 个、国家 AAA 级旅游景区 1 个、国家 AA 级旅游景区 1 个，有文物景点 104 处，其中列入省级市级文物保护单位 24 处，已形成了以缙云山、北温泉为主的生态养生旅游线，以金刀峡、偏岩古镇、胜天湖为主的自然生态旅游线等成熟旅游线路。北碚区复兴镇政府十分重视轮滑项目发展，计划将复兴镇打造成"重庆市轮滑特色小镇"。在复兴镇龙门社区，政府为轮滑教练和志愿服务队伍提供了免费的办公和室内训练场地，给队伍提供必备的训练装备和服装，让这支轮滑队伍真正走出复兴镇，参加各种大型比赛，同时把大型赛事请到重庆复兴来（图 4-3-1）。

图 4-3-1　复兴镇轮滑队

复兴镇于 2015 年 10 月成立了全民健身轮滑志愿服务队，8 名志愿者利用假期和晚上空余时间为社区小朋友开展轮滑培训志愿服务，吸引了 100 多名学生参加，其中年龄最大的 10 多岁，最小的只有 3 岁。在秀山县举行的重庆市第七届全民健身运动会轮滑比赛中，北碚区复兴轮滑队获得轮舞团队第一名，其中包含 10 个单项个人奖第一名、4 个第二名、2 个第三名等优异成绩。复兴镇之所以能在全市夺得如此多的"轮滑"桂冠，得益于复兴镇政府的高度重视。北碚区复兴镇轮滑发展"三点一线"，始终把轮滑发展和社会需求相结合作为主线。

首先，找准切入点，把好时间点，用好闪光点。复兴镇属于两江新区水土高新产业技术园区的重要组成部分，城镇化发展日新月异，生活环境、娱乐方式都发生了巨大变化，需要一个较长的过渡期去适应这种变化。大人需要过渡，小朋友亦如此，配套的儿童游乐场暂未发展起来。针对这种情况，结合轮滑特点，复兴镇以小朋友为发展切入点，招募组建轮滑俱乐部，让小朋友认识新玩伴、放飞自由天性，从三五几个发展到十几个、二十几个，轮滑渐渐成为小朋友之间的友谊链接纽带，受到小朋友们的热烈追捧。

其次，时间合理，学习健身不误。小朋友会不会摔伤，学习会不会被影响？让孩子学习轮滑成为很多家长犹豫不决的选项。为打消家长顾虑，提高教学质量，教练要求学员必须做好保护措施，根据轮滑技巧掌握的熟练程度，把队员分为初、中、高三个组，有针对性地进行训练。不少家长由试试看的想法慢慢转变为积极支持。为了达到劳逸结合，强身健体的目的，轮滑俱乐部坚持以晚上、周末为主开展训练活动，让小朋友合理安排时间，做到学习健身两不误。再者，开辟志愿者服务路线。2015 年，聚焦复兴需求和轮滑发展，在当地政府、学校的支持和鼓励下，开展志愿服务进校园，志愿服务进社区，成立全民健身轮滑志愿服务大队、复兴轮滑队，通过志愿服务让更多的小朋友了解轮滑、接触轮滑、喜欢轮滑。2016 年，复兴轮滑队在市教委主办的学生轮滑比赛中脱颖而出，荣获小学团体第一名，2017 年 5 月再次蝉联小学组团体冠军，2017 年 7 月在全民健身运动会中荣获轮舞团队第一名，个人奖项若干。2017 年 12 月在北碚区志愿服务先进典型推选活动中，"轮滑进社区"项目被区委宣传部，区文明办评为"十佳项目"。

最后，家庭支持极为重要。轮滑得到家长和社会的认可和好评。不少家长反映，自从娃娃学了轮滑，不天天窝家里看电视、耍手机，身体素质强了，视力也不再下降，连感冒都很少。由于缺少沟通和交流，现在习惯"低头"的小朋友不在少数，习惯"低头"一是沉迷手机、网络、电子产品；二是对自己不自信，对外界不信任。普及轮滑，使得孩子有机会结交更多朋友，性格更加外向，更愿意和周围的人分享，这是看得见的变化。轮滑俱乐部经常带孩子出去参加比赛，不是仅仅为了名次、荣誉，更多的是增强孩子团队协作、承受挫折的能力，敢于迎接挑战，提高面对未来的信心，实现自己的价值。这些都是轮滑让家长和社会看得见摸得着的好处和效果，也是轮滑运动的力量源泉。十九大报告中指出，广泛开展全民健身运动，加快推进体育强国建设，全民健身不仅上升为国家战略，还站在了新的历史起点，每一位体育人都将成为中华民族伟大复兴中国梦的见证者、参与者和奉献者。要将复兴小学建设成为轮滑运动学校，将复兴镇建设成重庆市的轮滑运动特色小镇。火舞轮滑被评为 2021 年全国"终身学习品牌项目"，把"终身学习品牌项目"以轮滑（滑板）为运动项目载体引入校园（图 4-3-2）。

图 4-3-2　重庆市北碚区火舞轮滑被评为 2021 年全国"终身学习品牌项目"

五、师资培养促"体教融合"

在学科课程体系的基础上，要厘清体教融合特色体育师资应该具备什么品质特征，才能准确施策和精准培养。

第一，教学技能作为教师均要具备的品质特性，包括健康知识、运动技能等基本学校体育教学技能。

第二，创新创业能力，在教育教学、体统训练和科学研究方面要具备创新意识，并对创业和社会市场人才需求熟知。

第三，专项技能是体育教师运动技能特长的体现，尤其是特色体育项目的专项技能，要运用和突出其特长。

第四，实践能力是学以致用的综合体现，将理念、创新等与运用融合展现综合实践能力。

学科类课程群表如表 4-3-1 所示。

表 4-3-1　学科类课程群表

项目名称	项目类型	项目内容
体育启蒙教育	球类启蒙项目	小篮球、小足球、小排球、乒乓球、羽毛球等球类项目的体育启蒙教育
	田径类启蒙项目	儿童基本的走、跑、跳、投等身体素质练习方法及田径各项目的启蒙教育
体育启蒙教育	体操类启蒙项目	不同强度与形式的基本体操、形体练习、韵律操、啦啦操、体育舞蹈、健美操、轻器械操及器械类等各类儿童体操知识和技能的启蒙教育
	武术类启蒙项目	儿童徒手类与器械类武术项目的教育与儿童尚武精神的培养
	游泳类启蒙项目	学习儿童游泳的基本动作、基本技术、水中游戏及注意事项与救护措施等内容
	民族类启蒙项目	花绳、空竹、舞龙、舞狮、打鼓、拔河、中华射艺、毽子、摔跤、竹铃球、打陀螺、珍珠球、竹球、抢花炮、跳竹竿、板鞋竞速、踩高跷、滚铁环、木球、龙舟、秋千、高脚竞速、风筝、民族健身操（锅庄舞、摆手舞）、棋类、牌类、儿童门球、冰雪运动等民族传统体育项目启蒙教育
	新兴类启蒙项目	轮滑、滑板、小轮车、飞盘、软式棒垒球、攀爬、攀岩、排舞、街舞、户外运动、定向越野、手指运动、电子竞技、航模、机器人大赛、瑜伽、体能训练、体智体育。

借助"体教融合"体育师资改革契机，结合自身研究基础和研究特长，探

寻特色体育师资培养，最终构建"体教融合"特色体育师资人才培养模式，解决体育人才培养特色与错位、体教融合特色师资培养产教融合、资源整合、供需契合等现实问题，科学有效地推进人才培养模式改革，培养社会需要的应用型体育人才。尤其是高校人才培养中，依托体教融合特色体育师资人才培养模式的构建和实践，基于社会需求、学校发展定位和专业特色方向，实现体教融合体育专业的体育特色与错位发展。在新兴体育课程的开发、建设与推广基础上，形成体教融合所需要的人才培养的体育课程集群，学校与政府、协会、企业和社会协同育人，培养体教融合的特色体育师资，实现体育专业学生"基础课程（普修）+专选课程（专长）+体教融合（特色）"全面发展，达到基础、专长与特色结合来提升学生的能力，增加专业核心竞争力，同时也解决了"体教融合"师资问题（图4-3-3）。

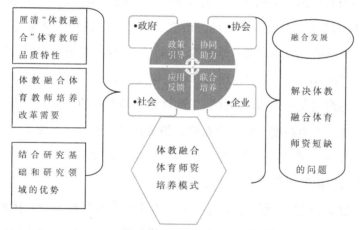

图 4-3-3　体教融合师资培养框架图

后 记

2012 年，笔者来到重庆开始新的工作和生活，回顾过去的十年，庆幸之事颇多。

首先，感谢重庆第二师范学院给予我工作的机会和同事们对我的关心支持，心中感激之情难尽于此。同时，感谢中国轮滑协会和重庆市轮滑协会的信任，让笔者有幸参与和承担协会的工作，并与教育部、国家体育总局、中国轮滑协会、中国学生体育协会、重庆市体育局、市教育委员会、各区县文旅委（体育局）、轮滑（滑板）俱乐部、品牌商、学校等部门共同完成轮滑项目推广，深深认识到"体教融合""产教融合"和"应用型学科"建设的意义。

其次，感谢研究生期间广州体育学院许铭导师对我的教育，笔者一直将导师寄语"态度决定人生高度"作为座右铭，鞭策自己前进。在重庆工作后，更是遇到了很多体教融合探索方面的专家，时刻给予笔者教育和指导，同时要感谢吉林出版集团和好友陈利国先生给予的大力支持。

再次，感谢 2022 年重庆市教育委员会人文社会科学研究项目体教融合推进策略与路径研究（22SKGH470）、重庆第二师范学院与重庆市体育局横向科研项目：重庆市体育局滑板（轮滑）备战全运会理论研究与实践和 2021 年重庆第二师范学院第三批校级科研平台儿童青少年体质健康研究中心给予我机会和平台，对体教融合进行进一步的学习和探索。

最后，感慨亏欠家人甚多，笔者每次工作完回家，幼子渝钺、渝钺已进入梦乡，而天亮时他们还未睡醒我已离家，对他们陪伴甚少，夫人黄世艳对此没有丝毫怨言，主动承担家里事务，在此感谢家人的支持！

孟现录

2022 年 8 月

参考文献

［1］郑婕，陈志伟．"体教结合"的内涵解析［J］．成都体育学院学报，2006（01）：65-68．

［2］钟文正．影响我国"体教结合"实施效果的因素与对策分析［J］．体育世界（学术版），2009（10）：38-40．

［3］王凯珍，潘志琛，刘海元，等．深化"体教结合"构建运动员文化教育新体系［J］．首都体育学院学报，2009，21（02）：129-133+137．

［4］阳艺武，刘同员．"体教结合"与"教体结合"的内涵解读［J］．体育学刊，2009，16（05）：45-48．

［5］丁永玺．"体教结合"与"教体结合"思辨［J］．体育与科学，2008（03）：62-64．

［6］顾齐洲，孙国友．我国"体教结合"研究进展与反思［J］．体育研究与教育，2016，31（01）：28-31．

［7］张燕，郭修金．体教结合的实践审视与价值诉求［J］．体育学刊，2013，20（05）：108-111．

［8］虞重干，张军献．"体教结合"与高校高水平运动队建设［J］．体育科学，2006（06）：79-84．

［9］杨雷，王静宜．我国竞技体育人才开发实施"体教结合"的障碍及其路径研究［J］．沈阳体育学院学报，2013，32（04）：98-101．

［10］董静，董国永，郭敏．对我国当前形势下"体教结合"现状与发展的思考［J］．安徽体育科技，2006（04）：83-85．

［11］胡剑波，汪珞琪．高校"体教结合"模式存在的问题与对策研究［J］．成都体育学院学报，2008（04）：76-79．

［12］宋旭．高校实施"体教结合"的桎梏与实践反思［J］．广州体育学院学报，2008（04）：48-51．

［13］黄香伯，周建梅. 体教结合培养体育后备人才模式研究［J］. 武汉体育学院学报，2004（01）：19-21.

［14］重庆市体育局. 重庆市体育局重庆市教育委员会关于印发《重庆市深化体教融合促进青少年健康发展实施意见》的通知［EB/OL］.（2021-09-26）［2022-04-15］.http://tyj.cq.gov.cn/tygz/qsnty/202109/t20210926_9756678.html.

［15］曹彧，王子纯. 深挖小切口 探寻大突破——政协委员共议配齐学校体育教师路径［EB/OL］.（2021-07-26）［2022-08-01］.http://new-sports.cn/quanminjianshen/202207/t20220726_161567.html

［14］杨国庆，刘宇佳. 论新时代体教融合的内涵理念与实施路径［J］. 天津体育学院学报，2020，35（06）：621-625.

［15］刘海元，展恩燕. 对贯彻落实《关于深化体教融合促进青少年健康发展的意见》的思考［J］. 体育学刊，2020，27（06）：1-11.

［16］尤传豹，高亮. 体教融合［J］. 体育学研究，2020，34（05）：2.

［17］汪晓赞，杨燕国，孔琳，等. 历史演进与政策嬗变：从"增强体质"到"体教融合"——中国儿童青少年体育健康促进政策演进的特征分析［J］. 中国体育科技，2020，56（10）：3-10.

［18］龚海培，柳鸣毅，孔倩倩，等. 体教融合的科学循证：体育锻炼和文化学习的相互关联［J］. 中国体育科技，2020，56（10）：19-28+88.

［19］孔琳，汪晓赞，徐勤萍等. 体教融合背景下中国儿童青少年体育发展的现实困境及解决路径［J］. 中国体育科技，2020，56（10）：29-35.

［20］柳鸣毅，龚海培，胡雅静，等. 体教融合：时代使命·国际镜鉴·中国方案［J］. 武汉体育学院学报，2020，54（10）：5-14.

［21］钟秉枢. 体教融合背景下青少年体育赛事体系完善的路径研究［J］. 体育学研究，2020，34（05）：13-20.

［22］柳鸣毅，丁煌. 我国体教融合的顶层设计、政策指引与推进路径［J］. 上海体育学院学报，2020，44（10）：13-27.

［23］杨国庆. 论新时代"南体模式"新发展——关于高等体育院校体教融合实践的探索与思考［J］. 体育学研究，2020，34（04）：1-10.

［24］罗佳. 体教融合的实践探索与难点分析［J］. 当代体育科技，2018，8（02）：78+80.

［25］叶鹏，吕广霞. "体教结合"至"体教融合"发展的关键问题探究［J］. 文体用品与科技，2015（02）：101-102.

［26］吴建喜."体教融合"培养我国竞技体育后备人才的理论构建［C］.// 第九届全国体育科学大会论文摘要汇编（3）.中国体育科学学会，2011：188-189.

［27］马玉芳，李勇.关于我国实施"体教融合"的体制难点及制度设计的研究［J］.体育与科学，2014，35（03）：88-92，110.

［28］翟丰，张艳平.从"体教结合"到"体教融合"——体育发展方式转变研究［J］.成都体育学院学报，2013，39（10）：54-56.

［29］张雪，王惠莉.体教结合构建高校高水平健美操后备人才培养模式研究［J］.湖北体育科技，2011，30（04）：472-474.

［30］曹艳杰，刘贤敏.体教融合理念的人本主义心理学阐释［J］.体育科技，2013，34（03）：74-75，82.